漫谈中国文化

金融·企业·国学

南怀瑾 讲述

人民东方出版传媒
東方出版社

编者的话

南怀瑾先生是近年来享誉国内外，特别是华人读者中的文化大师、国学大家。先生出身于世代书香门第，自幼饱读诗书，遍览经史子集，为其终身学业打下了扎实的基础；而其一生从军、执教、经商、游历、考察、讲学的人生经历又是不可复制的特殊经验，使得先生对国学钻研精深，体认深刻，于中华传统文化之儒、道、佛皆有造诣，更兼通诸子百家、诗词曲赋、天文历法、医学养生等等，对西方文化亦有深刻体认，在中西文化界均为人敬重，堪称“一代宗师”。书剑飘零大半生后，先生终于寻根问源回到故土，建立学堂，亲自讲解传授，为弘扬、传承和复兴民族文化精华和人文精神不遗余力，其情可感，其心可佩。

本书即是南先生2007年在太湖大学堂应中国银监会、北大光华管理学院和人大国学院之邀，就金融、企业、经济与国学和传统文化诸多问题所做的三次重要讲座内容的辑录。南先生“破天荒”地第一次以资本为题，用举重若轻的“南氏风格”，用充满人间烟火气的“南氏语言”，从《管子》、《货殖列传》、《食货志》、《古今图书集成》等中国古代典籍里的财货观切入，从自己在近现代中国的亲身经历出发，将人们的日常经济活动与传统文化巧妙地联系起来，涉及了经济学、管理学、银行金融业、国学和中国文化的诸多基本知识及基础性概念，内容丰富，言简意赅，大题小讲，深入浅出，熨帖人心。既化古为今，又旁涉西洋经济、管理体制，虽各有侧重，却每每表达出中国传统文化的包罗万象和玄深妙用，及其痴心、醉心于中华文明的缘由和立场。大道至简，本书虽曰漫谈，真知卓见处处可现。

承蒙南怀瑾先生独家授权，东方出版社将这三次演讲内容第一次汇编整理出版，以飨读者。为再现大师讲座时的生动情态，原汁原味地保持大师的演讲风格，我们保留了讲演记录文本生动有趣、幽默宜人的“原生态”，维护了南师“深者不觉其浅，浅者不见其深”的一贯特点，旨在给读者一个真实的南怀瑾和“南怀瑾说”。为阐明主旨，透析义理，南先生对某些观点和例证多次说明和强调，相信读者诸君自能领悟。

我社与南怀瑾先生结缘于太湖大学堂。出于对中华优秀传统文化的共同认识和传扬中华文明的强烈社会责任感、紧迫感，承蒙南怀瑾先生及其后人的信任和厚爱，独家授权，我社遵南师遗愿，陆续推出南怀瑾作品的简体字版，其中既包括世有公论的著述，更有令人期待的新说。对已在大陆出版过的简体字版作品，我们亦进行重新整理的修订，力求贴近原讲原述，还原作品原貌。作为一代国学宗师，南怀瑾先生“通古今之变，成一家之言”，毕生致力于民族振兴和改善社会人心。我社深感于南先生的大爱之心，谨遵学术文化“百花齐放，百家争鸣”之原则，牢记出版人的立场和使命，尽力将大师思想和著述如实呈现给读者。其妙法得失，还望读者自己领会。

东方出版社

二〇一七年六月

目　录

与银监会的漫谈

新旧文化的企业家反思

国学与中国文化

与银监会的漫谈

2007年12月15日

第一堂

不虞之誉，求全之毁

缘起

军事北伐 政治南伐

翻译问题大

中国到底有没有自己的经济学

自己的金融、法律体系

求索而迷惘的百年

票号、钱庄、银行与金银、钞票、卡

不虞之誉，求全之毁

郭利根先生（中国银监会副主席）：尊敬的南老，今天我们非常高兴地来到太湖大学堂，请到南怀瑾老先生给我们讲课。本来，刘明康主席是准备亲自来主持这个讲座的，由于工作的原因，他不能来，特别委托我，向南老先生致意，并带来了亲笔信。我们也特别感谢海航董事长陈峰先生的大力帮助。

南老先生是贯通东西文化、学识渊博的国学大师，在海内外都享有盛名，他的情况不用我太多地介绍。南老给我们讲课，这是我们金融系统思想文化教育工作中一大盛事，更是我们诸位莫大的荣幸。我们准备了一件小礼物，借以表达我们对南老先生的敬意和感激之情！（郭副主席代表学员送礼物给南老师）

南师：非常感谢！

郭副主席：下面，让我们用学生对老师特有的掌声，欢迎南老先生给我们讲课。

南师：诸位，非常抱歉！刚才郭副主席讲我学问如何如何好，那都是假的。我经常提到孟子说的两句话，一个人活着，有时候有“不虞之誉，求全之毁”，这两句话诸位也要留意。任何一个人活在世界上，有时候虚名是莫名其妙的，讲你好的，并不是那么好，“不虞”就是想不到的，想不到的恭维，叫“不虞之誉”。“求全之毁”，一般人活在世界上，要求别人都很严格的。这个世界上的人很奇怪，手里都拿一把尺子专门量人家，够高吗？矮吗？胖吗？瘦吗？从来不会反过来量自己的，所以人对人有“求全之毁”，求全责备。这两句话是圣人之言，我们中国古代的圣人孟子的话，我经常深深感觉到很有道理。

我经常告诉诸位朋友，在社会上做事情，攻击人家犯罪的就是两件事，一个是男女关系，一个是钱。说你贪污多少钱，跟哪个女人有关系，哪个女人跟哪个男人，这两件事很难求证的。你说这个女的同这个男的没有关系，他说“你怎么知道？这个东西是两个人悄悄干的事，没有办法兑现的”。你说他没有拿钱，他说“你也不知道，他悄悄给他的”。所以这个很麻烦。活到这个世界上，尤其你们做金融业务的，更要小心了，一个男女，一个钱财。这是讲到“不虞之誉，求全之毁”这两句话。

我说这个话的意思是想说明，刚才郭副主席讲我怎么样了不起，都是过分的话，那是大家爱护我，我只是一个年纪大、顽固的、喜欢中国文化的老头子。

平常我对于自己的评价，我讲了很多次了，不过你们没有听过，我讲我一辈子，今年活到九十岁，再过一个月，大概不死就到九十一了，“一无所长，一无是处”，是这么一个人。孔子讲“乡愿，德之贼也”（《论语·阳货》），什么叫乡愿？乡巴佬，这个人规规矩矩，各方面都讲他好。孔子就骂他，你啊，德之贼也——看起来很有道德，很有学问，实际没有东西，虚的。“子曰：幼而不逊悌，长而无述焉，老而不死，是为贼，以杖叩其胫”（《论语·宪问》），孔子用手棍打他的腿，像你这个老家伙……所以我们这些人老了就是贼。这是首先要声明的。

缘起

这一次不是讲课，刚才郭副主席对大家讲说我讲课，不对的，是跟大家来闲谈，讲个故事给大家听。

这一次事情发生的原因，就是我们这一位老同学，老朋友，陈峰先生，他搞了个“海航”，做得不错，他算是老学生了吧，也是我的老朋友，不过我经常骂他的。我们这里有好几位同学都说我脾气坏，经常骂他。我真的讲他年轻不懂事。可是讲句实际的话，他是我的几位“言听计从”朋友学生里头的一位。我讲什么他就听，告诉他们怎么做，他也照办。我说陈峰啊，你当年没有钱，能够弄到这个航空公司，我说你“骗”来的，但是你“骗”得好。世界上都是骗的，可是你成功了。要跳出“海航”变成全国的航空公司。结果他听我的话，努力了四五年，现在变成大新华航空控股公司了，全国性的，这是一点。同时我告诉他，你不要光做民航，中国缺乏的是空中的货运。我说我找一个朋友来帮忙你搞空中货运，他听了照办，也办好了。当年他飞机也没有，不到一两年，有了，发展很快，现在空中货运也开始了。

上个月，他突然打电话给我，他说有一位先生你知道吗？我说谁啊？刘明康先生。我说久仰大名，干什么的？好像管金融的吧。他就告诉我是银监会的主席。我说久仰了，什么事啊？他说他想请您讲点话，讲课吧！

陈峰我经常骂他，经常开他玩笑的，我说好吧！人家既然找到你，就答应吧！当时讲话的确是无意的，因为我正在忙事情，一边在做事，一边拿到电话就这样答复他。他一听就说谢了，就认真起来了。这件事是这样来的，对不起，开玩笑来的。所以劳驾诸位从各地远道而来，非常抱歉，请大家原谅，我这是开玩笑来的。

那么同时，我一看名册，你们在座的，都是中国当今了不起的人才，吓住我了。讲银行、金融、经济，我通通外行，什么都不知道，这怎么讲话？他们说讲中国文化吧。

对了，我说把上个月对人民大学讲中国文化课的记录印给大家，诸位都有了吗？（答：有）好，上个月，人民大学国学院的师生来过。现在有个风气很奇怪，每个大学都讲国学。我说请问你什么叫国学？我也不懂。还有中国文化，甚至讲中国文化特色。我说中国文化的含义究竟是什么？你简单两句答复我，我想几乎没有人答得出来。如果说中国文化就是孔子、孟子、儒家，完全错了。中国文化诸子百家那么多啊！孔孟之道代表个人修养是可以，完全代表中国文化是不可以的。

那么，国学又是怎么来的？推翻清朝以后，民国初期开始才有“国学”这个名称。我说这个名称也有问题，中国人说这是我的国学，英国人讲他们的国学，德国人讲德国的国学，究竟国学是个什么东西？

人民大学的纪校长为了这个，创办了一个国学院，挨了大家的批评，很痛苦，但他还是办了，不过据说现在国学院很热门。办了以后，他要我到北京，我这个人老了，哪里都不动，最后只有劳驾他们赶来。上个月他们带领博士班的学生同老师们在这里，我讲了国学与中国文化的问题。

你们银监会的刘主席要我讲这个问题，我说不需要重讲，所以我让他们发了给人民大学讲话的记录，那里面讲了一点点国学方面的问题，给诸位做一个参考，甚至给我一个指点。

我们长话短说。这一次来，除了你们这班金融界的英才以外，听说还有些人，我的老朋友皇甫平也在吧？这位周瑞金先生，我说一九八九年后能够继续改革开放，他是第一功臣。当年讲姓“资”的也好，姓“社”的也好，争论走资本主义路线、社会主义路线的时候，邓小平先生还在，很难下结论的时候，他敢于带头站出来写篇文章，影响很大。他当年是准备挨斗的。我说你这个读书人，老朋友，有胆识，很有功劳，他今天也在这里。听说还有大哲学家周国平先生也在这里。这些老前辈们，我都要请大家原谅，给我一点指教。

军事北伐 政治南伐

我今天想在这很短的时间里，讲故事给大家听。你们诸位是搞金融的，我常常在谈中国文化时提到“经济”，“经济”这个词语，我一直到现在心里不舒服，从年轻就开始了。

诸位要知道，我们推翻清朝以后到现在为止，九十六年，再过一个月以后是九十七年。当年我的老师辈，都是前清的遗老，有功名，起码是举人，有些是进士，做过官的。我长大一点，正是北伐阶段，他们这些老前辈都笑，你们年轻人乱听这些，书不好好读，什么开始北伐！军事是北伐，政治是南伐。

我们当时小，老师讲话是坐着，我是站着的，背书也站着，不像现在，以后慢慢改了，上课是学生们坐着，老师站着。将来时代学生们躺着，大概老师们要跪着。这个时代的变化啊……（众笑）

当时老先生们这样一讲，我们就不敢说话

了。在那里我是年纪比较轻的，我就问老师，那个时候不叫老师，叫先生。先生啊！怎么叫“军事北伐，政治南伐”？他说，你看，这些革命党（所谓革命党包括了国民党、共产党和其他的一切党派），他们懂什么？就是拿到政权，做官做事什么都没有经验，拿到政权以后，用的都是清朝的遗老遗少，一切规矩都没有变动。只是表面做得很好，实际没有内容。

当时他这样讲，现在我回想，好像九十年来都是这样，还是一样道理。包括我们共产党成立新中国以后，新建立的政权到现在，这些情形同当年几乎没有什么两样，道理是一样的。而且，中间虽然对中国文化那么严重地整顿，但中国文化坏的一面并没有去掉，这是个什么道理？是文化问题吗？人性问题吗？我们这里有哲学大师们，好几位都在，值得研究。现在这个问题扯开就大了，有关政治、哲学、教育，都有很多的问题。

翻译问题大

我们回过来还是讲本身的问题，刚才提到

“经济”，我常说，我们很多翻译的名称是二手货，西方文化变成中国文化，很多名称没有自己翻译，日本人是用汉文，用中国文字，日本人先接手翻译的。譬如说“智慧之学”，我们中国人叫“慧学”，日本人翻成“哲学”。当我到台湾以后，一听闽南语的发音，哲学叫做“铁盒”，我们浙江人一听“铁盒”，铁的盒子啊！实际他是用“哲学”两个字。可是“慧学”给日本人一翻成“哲学”，我们用到现在还是“哲学”。

再譬如说“经济”，我就严重地反对，中国讲“经济”，在中国文化里头很严重啊！是经纶济世，大政治家，大文化家，这个叫“经济”。我们常说中国古人的对联，“文章西汉双司马，经济南阳一卧龙”，那个“经济”不是现在这个“经济”。他讲写文章文学，西汉一个司马迁作《史记》，一个司马相如文学第一，所以“文章西汉双司马”；“经济”，中国经纶济世之才，赤手空拳打下来天下，建立一个政权而万古留名的，很好的榜样只有诸葛亮一个人，所以叫“经济南阳一卧龙”，卧龙先生就是诸葛亮。这是中国人由魏晋南北朝、唐宋元明清，一直到现在的观念。日本人把管财经的问题叫经济，这是很好笑的事。现在一提到经济就想到管钞票，要钱，这个文化问题很严重。

所以我们有一个遗憾，把西方文化翻到中国来，从来没有做统一的翻译，包括自然科学。我们国家从清朝末期开始翻译西方文化，清朝同治年间，成立了同文馆，这是国家翻译院。可是到现在呢？不管自然科学、人文科学，一切翻译都没有统一。

中国到底有没有自己的经济学

讲到同你们工作有关系的经济，这里一位李慈雄博士，是我的老学生，比陈峰资格还老，他也是同学里头言听计从的一个人，他是斯坦福大学的博士。我在美国的时候，他正在世界银行做事。我说慈雄啊，这个不能做了，你马上就辞了吧。他地位很好，拿高薪的。我说，我看了美国，不行，遇到问题第一个开除的，一定是东方人，而且是中国人，你赶快辞掉，在你巅峰的时候、最好的时候辞掉。他说，老师，我也想辞，辞掉到哪里？我说回大陆去。他很难，他是台湾人，美国留学的博士，岳父萧政之中将，政治部主任，曾经是反共的主将，他三个身份都很难。他说老师让我到大陆干什么？我说，到上海去发展，中国需要人，经济发展这一方面你是专家。他在我面前站不到一分钟，说，老师叫我到哪里，我就去哪里，就一句话。然后他到上海做企业，现在叫斯米克公司，股票也上市了。

当时他在斯坦福大学时，学校里有个经济学的名教授，慈雄就给他谈中国文化，他说到他中国的老师是南某人。他说南老师批评我们学经济的。我说世界上的经济学家，欧美的经济学家，是强盗的经济学家，都是为一个国家、一个观点，写了许多经济学的书。你们学经济不要乱跟他们。从《原富论》开始，通通不对。没有一个学者研究全体人类的经济学，马克思有一点像，还不完全，他在那个时代还看不清楚。任何一个学问，我们中国人有一句土话，叫做“麻子上台阶”，一个麻子上了台阶，群众观点，个人看一点。整个麻子脸，哪个洞在哪里都搞不清楚。世界上所有的经济学都是这样。实际做国际大生意的，影响了整个世界，他们对全人类究竟是怎么个影响法，今天乃至以后的全人类，究竟应该怎么样生存生活，没有人研究，这是很严重的大问题。

那么，请问中国原来有没有现在所谓的“经济学”？没有。这是十九世纪以后过来的。譬如说，我们“抗战”以前，经济学没有几个人，某人在外国留学，学经济回来，好像很不得了。

那么，中国到底有没有自己的经济学？有！我今天特别带来，这是康熙、雍正时代整理的《古今图书集成》，恐怕你们图书馆没有，它把几千年的财经，一切内容的要点囊括在里面。所以康熙、雍正时期对中国文化，很对得起。

经济学，在中国过去叫什么呢？叫“食货”。中国人过去是重儒轻商，看不起商业。司马迁写《史记》，他写了一篇《货殖列传》、一篇《平准书》。后来班固写《汉书》，在《史记》的《平准书》、《货殖列传》的基础上写了《食货志》。

你看"货"字，为什么用这个字呢？这要研究中国字了。不认识中国字，你中国文化讲不通的。"货"是"化"下面加个宝贝的"贝"。贝是什么？我们上古货币是用贝壳做的，最初商朝、周朝以前的货币是贝壳，后来慢慢变成用其他的货币。"货"是化贝，包含了物品交换和货币贸易的内容。"贸"字上面是"卯"，下面是"贝"，早晨五六点钟（卯时）在集市上买卖交换物品。"易"上面是"日"，下面是"月"，日、月每天轮转更替，包含交换、交易的意思。

由"货"字，谈到货币学。我常问学经济的同学，我说古今中外每个国家，每个社会，货币一定会通货膨胀，每个时代都会通货膨胀，而且每个新时代会把货币变了，这是为什么？这是一个经济哲学的问题了。货币为什么一定会变？譬如刚才讲到"货"字，是变化的"化"下面加一个宝贝的"贝"，有财富变更变化的意思。所以，司马迁第一个提出来商业的哲学，写了一篇《货殖列传》，那么中间有两句话很重要，“天下熙熙皆为利来，天下攘攘皆为利往”，一切学问道德抵不住一个钱、利，利之所在，拼命苦干，命不要就是为了这个利。人家说司马迁是历史学家，我说你们不要搞错了，司马迁是一个历史哲学家，他走道家的路线，他为人类开了一条路。

司马迁以后，班固写《汉书》，走司马迁的路线，但是改了，把这个叫《食货志》。我抽出来这部《古今图书集成》里面叫《食货典》的，把五千年农业社会的经济、税务的收入、国家财政的给配、商业的行为、政策的安排，都收录在其中。可是可怜我们中国人自己，这一百年当中，有几个学者回转来研究研究自己的经济学？

换句话说，我们讲银行，银行怎么来？我等一下讲外行话给大家听。可是今天所有的银行，没有研究中国文化特色的银行应该怎么样。

《汉书》上的《食货志》，食货，包括了农工商业，有人把“食”归纳为农业，把“货”归为工商业。一切经济第一是农业，第二是工业，第三是商业，包括财货的流通。至于现在什么股票啊、期货啊、金融衍生产品啊，真是泡沫，花哨得不得了，迷惑了人。当然有人喜欢这样，可以浑水摸鱼了。

现在第一经济农业的基础都是问题，没有搞好，粮食问题马上出来。可是大家吃的用的都在严重浪费！我们的国家几千年以农立国，“吃饭大如天”，农业经济如何能真的建立起来，俭朴的生活习惯重新恢复起来，免除后顾之忧，也是大问题。我这是外行人向诸位内行做一个报告。

自己的金融、法律体系

中国的《食货志》，一直到清朝的资料都有，好像谁都没有研究。就像我批评学法律的一样，你们学法律只走两个系统，一个是海洋系统，一个是大陆系统。一个走英美路线，一个走欧洲的路线，都研究得很好，把外国的法律搬到中国来，日本也是这样。可是，你们有没有深入研究中国的法律系统？从秦始皇开始以后，汉代四百年用的是秦法，汉朝以后改了，慢慢地改，改到现在。唐朝的法律全套都在，明朝的全套法律也在，清朝的法律全套也在。你们学法律的、制定法律的，有没有全研究？没有！这是我们文化很奇怪的地方。

所以我特别搬这套书来给大家讲一下，我们如何建立一个自己的中国文化特色的银行系统，真是一个问题，我第一段先讲到这里。

但是再三声明，我是不懂的喔！我完全外行，现在依我亲身所知道的，所看到的，告诉大家。这些很值得思索反省。

道家有一本书，很多人没有看到过，叫做《鹖冠子》，是隐士神仙之流写的。我们学军事出身的，喜欢带兵打仗，研究军事的书也读，研究政治的书也读。《鹖冠子》里头有一句话叫"中河失船，一壶千金。贵贱无常，时使物然"。

"贵贱无常"，这四个字包含很多了，一个人生也好，一个东西也好，值钱不值钱，有没有价值，这是贵贱的问题了。"无常"，没有定律的，会变化的。"时使物然"，时间跟趋势使其如此，社会的演变，时代的演变，环境的变化，产生这个作用。注意哦！中国文化只有八个字，"贵贱无常，时使物然"，如果写成经济学、金融学、货币学，起码二十万字的书了。

上面还有句话"中河失船，一壶千金"，这是中国文化，你们特别注意！你们这一次来，我送你们这几句话，回去反复研究。怎么叫"中河失船，一壶千金"？一只大船开出去，到了河中间，船坏了，要沉了，这很严重，所有船上的生命财产都会没有了。这个时候什么最贵呢？一个葫芦，"一壶千金"，一亿价钱都值，要救命啊！船没有了，抱到那个葫芦，有浮力，人就死不了。

所以我觉得我们国家，经济、财经，包括金融、银行，自己要研究研究，建立自己的体系是非常重要的！不要被人家牵着鼻子走。我是乱讲的啊，不过讲课的时候放言高论，提醒大家要注意这个。我们这个时代走到大河中间了，中外文化也走到大河中间了。

最近我也看到很流行的一本书《货币战争》，当然我也没有时间看，同学们看了会跟我讲。他们最近经常在讨论，有对有不对，这一本书影响蛮大的。当然有些同学是反对的，有些是赞成，因为我这些同学们学经济的也很多，搞财经的有好几位在我这里，有几个是顽固的左派经济分子。我说你们不要争，任何一点，“麻子上台阶，各有各的观点”。他的提醒没有错，问题是我们自己怎么准备好，不要“中河失船”。万一船漏了，这个时候有一个什么办法，能够救起来这个时代，救起来自己国家民族的政治，政治包含了经济、文化在内，是很重要的。这是第二段的报告。

求索而迷惘的百年

我开始说，我讲故事给你们听，现在故事还没有开始，刚才这些都是空话。为了节省时间，现在赶快回过来讲我们的故事。

我们研究中国经济，文化与经济是相关的。有些人不大好批评中西文化，我说我还差不多勉强可以批评。有些人讲，你这位老先生专门读中国书的，你懂什么外国啊？我说对不起，我欧美都去过，而且都住过。我还批评中国的留学生，我说这一百多年以来，都是坏在留学生手上。当年清朝末年的留学生注重的是德日派的——德国留学的，日本留学的，重用！“抗战”前后，第二次大战时，慢慢注重英美派的留学生。到共产党统一中国这个阶段，初期都是注重苏联的留学生。一九八九年以后，一下翻过来，用美国留学生。

我在美国的那个阶段，正是中国改革开放初期，当时好几位精英都在美国，都到我那里吃饭。我在美国还是一样地上课，给他们讲中国未来前途的问题，我说你们赶快回去帮忙祖国，不要在这里。当时讲到经济的问题，比现在还严重。

当时我在美国跟他们讲，我说十六世纪以前，美国跟欧洲够不上谈经济，穷得很，世界上只有一个国家最富有。从元朝马可·波罗回去以后，告诉你们东方有这么一个国家，你们认为他是瞎说。后来到了十九世纪，你们英国人做海盗打劫去，你们的白银财产哪里来？抢印度、骗中国来的，现在才有那么多钱，你们发达了，富有了。我告诉你们，中国不在乎！

我到了美国以后，我骂留学生们，你们在国外留学，在大学的学生宿舍里，每天吃汉堡，吃两个面包，外面上中下社会的朋友都没有，白宫的门口都只看一看，进也进不去。你们懂什么啊？然后三年五年回去，哎哟！讲外国怎么好，外国的月亮怎么大，看不起自己。因为我在那里，他们会请我到白宫去，他们的财政部长会来看我，交了很多朋友，也到处看了很多。欧洲我也去看过住过。

那么，我们的文化从德日派开始学坏的，后来是英美派，尤其一九八九年以后，开始学习美国，注重英美一直到现在，现在好像全体崇尚美国派，这都是问题。

可是，你不要听错了，我并不是反对外国文化，外国文化必须要知道，同时一定要了解我们自己的文化，做到知己知彼。可是一百多年来，战乱加上内乱，中国人对这两方面文化，都没有真正深入了解，常常是脱离实际，忘记什么是基本，舍本求末，被一些莫名其妙的概念、知识迷惑了。

票号、钱庄、银行与金银、钞票、卡

十九世纪中叶，我们从太平天国讲起，在这个时候，中国发生变乱，然后外国来了，火烧圆明园，咸丰逃到热河去了，赔了多少钱？八国联军进来，抢了多少东西？赔了多少钱？然后甲午战争，这一路下来，这个账算算，多少钱啊！这里赔款，那里花钱，那里打败仗，处处没有钱。

可是，推翻清朝以后，民国开始，一直到我十一二岁的时候，我没有看过钞票哦！用的还是银洋，那个时候有墨西哥的银洋，有中国制造的银洋，后来你们叫“袁大头”，袁世凯的像在上面。一块银洋换十角或十二角。一角我们南方人叫一毛钱。一毛钱换三十个铜板，一个铜板换一个鸡蛋。像我身上穿的这个料子，现在是做西装的料子，如果那个时候，用英国料子做西装，最贵最贵不到七块钱。如果那个时候，你们银行家的待遇高了，起码五百块钱一个月，不得了。五六十块钱，回到乡下穷苦的地区，买一亩田绰绰有余。

那么，清末那样地赔款，那样多的钱向外流，为什么在我们那个阶段还有那么多的钱呢？是借款来的。军阀彼此争权，这个时候的借款，什么从日本，从外国银行借款，还没有开始，正要开始。那么，从哪里借款呢？从民间。

中国第一个银行是盛宣怀开始的中国通商银行，官民合办的，后来有户部银行、大清银行。要研究银行问题，我们必须要有个了解，银行还没有开始以前，靠什么？靠票号、钱庄。山西开始的，后来尤其在上海，金融市场繁盛，一些买办开了很多钱庄，由票号、当铺变成了钱庄。我认识的老前辈，做钱庄、银行的蛮多的。做钱庄的很有风度，很有风格，很了不起。一个钱庄也是小银行了，最多用到十几个人，没有那么多人，规规矩矩用得非常好。

我还讲一个笑话给大家听，我的习惯，我到现在还不相信银行，因为我家里给银行倒过的。北伐的部队打到浙江的时候，好了，浙江孙传芳的部队一垮以后，我们存在银行的钱都没有了！所以我到现在还不信任银行。

第二，我说我到现在还不愿意用支票和卡。其实我在海外，到处银行给我送这个卡、那个卡，我通通不要，你给我拿回去，我才不给你卡呢！给你卡住干什么？我到现在还用现金，可是现在还不会数钞票，这个同我的家世有关系。我从小用钱是一把抓的，不数，因为我是独子，用惯了。我到现在不用旧钞票，太脏了，这个摸过，那个摸过，所以用钱要换新钞票。可是数新钞票最难数，两张数成一张，所以我到外面买东西一拿出钞票来，旁边同学一手就抓走，给我数。不然有时候多给人家或少给了，我实在搞不清楚。

那么我出门的时候也不相信钞票，也不相信钱，不相信银行，相信黄金，为什么？一个老规矩，我从小的时候，出门的时候，我祖母打黄金的戒指好几个给我，一钱分量，很小，耳环一样，拿个袋子装，叫我拴在腰上。我一边心领一边眼睛瞪着她，为什么要这样？她说，孩子啊！

注意，这是救命的钱哦！不准随便用哦！在外面万一碰到困难的时候，黄金都不能换饭吃的啊！你拿出一个戒指给人家，可能换两个馒头，还可以救命，救急救命用，记住！

后来真碰到了这种事。我在“抗战”的时候，到了贵州边上，看到那个飞机是昼夜在轰炸，你刚准备出来，飞机又来了，昼夜轰炸两三天。我看到在对面那个地方，上海逃来的一家人，两三天没有饭吃，看到贵州一个乡下人在吃玉米——也叫苞谷——那个上海人从口袋里拿出一两黄金，方的，很漂亮，给这个乡下人看。“哦！这是什么东西？很好看。”他一边吃玉米，一边拿来看。“这是黄金。”“哎哟！黄金！只听过，一辈子没看过。”一两黄金，看了半天才还给他。那上海人说：“不是看耶！我这一两黄金跟你换这个苞谷吃。”“哦？那个，那个……”黄金赶快还他，“我还没有吃饱。”赶快走开。

这是我祖母当时给我的经验。后来经历多了，我深深地感觉到很多很多。现在你们喜欢玩钞票、银行、信用卡，什么基金、股票、期货，什么乱七八糟的金融衍生产品，不要玩昏了头，饿了肚子什么都不灵了。好了，诸位先休息一下。

第二堂

财富从哪里来

清末民初的货币战争

张恨水的文章

“抗战”与“抗战”后的金融

台湾的混乱状态

分税制、黄金、计口授粮

治理通货膨胀

绝利一源，用师十倍

合作社、搭会与信用

财富从哪里来

刚才给大家报告我所经过的这些故事。推翻清朝以后到民国初期，我们政局非常混乱。开始时是南北战争，天天在打仗，军阀争地盘。各省的所谓军阀，很多是留学日本回来的。南北战争这个阶段，是国民党、共产党比较合作的，不过共产党这时候还是小党。我们讲历史，研究金融经济特别要注意，这个时候是靠借外债的。譬如张作霖在东北，靠日本的外债。那么，各省都靠外债。

我常常提醒大家注意研究经济。我说中国人写书啊，不大管经济的，尤其你们诸位看武侠小说，看到那些侠客上馆子，随便到哪里都是红烧蹄子啊、烧鸭子啊，好像中国菜就是这几样。其实各地有各地的菜，他写不出来。我说只有还珠楼主写得出来，譬如他的《蜀山剑侠传》，各地有各地的菜。不过，你看这些侠客们上来，馆子店吃了一大堆，好像不要买单的，站起来就走了。

中国人不大谈经济的，很多书没有讲他的钱从哪里来？譬如爱情小说里头，只有爱情，好像不需要吃饭的。肚子饿了，就没得爱情。再如我们看《三国演义》，研究历史问题、经济问题，我常常问同学们，刘、关、张在河北结拜，“桃园三结义”起来打天下，钱哪里来？打一把刀，铸一把宝剑也要钱啊！买一匹马更贵，哪里来？大家没有研究。曹操起来的经费哪里来的？曹操起来的经费靠他的家族，夏侯家族。那么，江东孙权的钱从哪里来？靠安徽人出钱、江南人出钱，最大的财富支持者是鲁肃。

再比如，你们现在喜欢看美国、欧洲的电影，只看到人家怎么奢侈地生活，心里羡慕得不得了，刺激了无限的欲望。可是电影里有没有说，他那个钱怎么赚来的？没有。也不是你们想得那么单纯。全世界的财富在支持几个发达国家。人类这个经济和社会发展模式，不晓得是好是坏，将来会走向哪里。

大家研究中国的经济发展、金融制度，必须要注意南北战争那一段。到抗战以前，国家有那么多的内战。按现在的理论，战争是最好的消费，消费刺激生产嘛。我们国内的南北战争，一二十年下来，帮了谁的忙？帮了日本、美国、德国、意大利、法国、英国、苏联等等，他们的军火生意特别好，赚了很多钱。战争是消耗最大的，所谓消费刺激生产，这是各国要挑起战争的目的之一。

北洋军阀这个阶段，我是直接经历的。到了民国十五年，开始北伐了，当时国民党并没有统一中国哦！国民党跟共产党联合起来开始北伐，军费哪里来？买枪要钱，战场上打一发子弹就是消费，也是钱，这个钱从哪里来？国民党靠什么？靠江浙集团来。当时，孙中山先生在广东，有一个人叛变了，陈炯明，为什么叛变？背后是为了争这个经济，为了钱，利益问题，国民党当时没有钱。后来有苏联人支持国民党军火，但是苏联人想控制国民党，借以控制中国。那么，蒋介石很快疏远了苏联。后来国共分裂，共产党有句话——“什么叫革命啊？三句话，革命是广东人出钱，湖南人拼命，浙江人做官。”这个话就把国民党瓦解了。

清末民初的货币战争

那么，这个时候有没有正式的银行？有。譬如上海，当时就有很多银行，中国人办的，其他地方也有很多银行，从票号、当铺演变来的。其中有一些是买办办出来的，比如席正甫就是汇丰银行的买办，他的子孙很多做银行的，有的参与大清银行，他的曾孙做过中央银行的业务局长。

那时候，上海的银行分很多帮派，比如：镇扬帮的中南银行（史量才、胡笔江）、金城银行（周作民）、盐业银行（张镇芳、任凤苞）、大陆银行（谈荔荪）、上海商业储蓄银行（陈光甫）；宁波帮的浙江实业银行（李铭）、浙江兴业银行（徐新六，当时号称银行家圣人）、四明银行（原始股东虞洽卿，后并入浙江兴业银行）、中国通商银行（官商合营，最先商方投资人是盛宣怀，后杜月笙、钱新之都做过董事长）。

其他比较有名气的，如中国实业银行（刘晦之）、川康银行（刘航琛）、四川美丰银行（康心如）等等。所谓“中中交农”——中国银行、中央银行、交通银行、农民银行，都是民国初期到抗战前这个阶段创办的。

但是，外国银行在上海开办得更早，最早的是十九世纪中期，英国的丽如银行（又称东方银行）在上海开办，在中国发行钞票流通，大发其财。跟着，汇丰银行、德华银行、花旗银行等十多家外国银行也来了。还有美丰银行、震义银行等十几家中外合资银行。这些外国银行、合资银行，都在中国发行钞票，在中国到处流通，中国的财富这样被骗走了很多。

大家讲到国家历史的演变，说到国民党，把罪过都归到蒋介石身上，讲他到上海就清党。实际上，背后真的内容是银行战争。你要研究清朝末期以来的历史，必须要研究上海银行发展的历史。每个银行各有各的立场，这里头历史的故事很多，关联政治的演变。譬如说有名的，办

《申报》的史量才，当时被国民党暗杀了，表面上看起来是政治意识的斗争，实际上是金融问题，银行彼此要争权。

至于国民党说北伐成功，假使我来说历史的话，他并没有统一，打到南京就结束了。后来靠张学良东北易帜，所谓的东北义勇军一投降过来，所以全国统一了。真统一了吗？每一省的军阀还是各据一方，这个在“抗战”以前哦，山西的阎锡山，广西的李宗仁、白崇禧，云南的龙云。四川的军阀几十个，西川、东川一百多个县，大家各占几个县的地盘。当时的四川分川东、川西。《三国演义》大家都看过吧，刘备跟诸葛亮在西川。重庆这一带叫东川，刘备、诸葛亮的政治力量还控制不到。东川当时是什么？道家的天下，宗教的统治，东川张鲁，张天师的后代，他实行宗教性的社会主义，比“人民公社”还要彻底。

我是抗战时到四川的，路上看到沿途躺下来饿死的人，像杜甫的诗一样，“朱门酒肉臭，路有饿死骨”，有权力、富有的家庭，军阀们，吃得很好，同我们现在大家请客一样，一桌一万啊、几千啊，很浪费！但饿死在路上的人有几千人。走了一个多钟头以后，我眼睛都闭上不忍看。四川的军阀把中华民国一百年的税都收完了。可是四川还蛮富有的，这是个经济问题了，怎么来的？财富从哪里来的？四川没有靠外援，没有靠别的东西。

再比如成都，从前到现在，老百姓收入并不多，生活却很安逸，很舒服。你再看看其他地方，比较比较。这个道理很值得研究，里面有重要的政治经济社会哲学了。钱跟生活的关系，钱跟幸福的关系，怎么样使大众的生活安定，怎么样节约资源，很多问题，而且是世界性的共同课题。

张恨水的文章

我现在是讲故事，你们听故事。我们一边在抗战，跟日本人打仗，一边是民间的思想问题，当时许多知识分子对于国民政府的挖苦、批评，很多很多。有一位小说家，很有名，叫张恨水，你们在座的也许有人看过他的书。他的名字你听听，中国有一句老话“恨铁不成钢”，他是恨水不成冰，叫张恨水。常常借报纸批评政府，很幽默，不像现在人的谩骂。那个时候，朋友对他讲：喂！老兄啊！国家到了这个时候，跟外国人在打仗，自己内部就少批评一点了，仗打完了再说。结果他不管。

他经常写，说自己做了什么梦。他说有一天啊，梦到玉皇大帝召集开会（这个同银行有一点关系了），开会的时候，关公去报到，到了南天门，四大天王挡驾，不准进来。

关公急了：国家到这个时候不得了了，财政也不得了，战场也不得了，玉皇大帝叫我来开会，你不准？

四大天王就说了：玉皇大帝有规定，有这四件事的人不能进去。哪四件？酒、色、财、气。这样的人，不管你官多大，地位多高，不能进去。

关公说：我没有啊！

四大天王：你怎么没有？

关公：我又不喝酒。

四大天王：你脸一天到晚红的，不是喝酒又是干吗呢？

关公：这是酒。色呢？我不好色啊！

四大天王：你过五关斩六将，为了送两个嫂嫂，路上一起那么久，谁知道啊！

关公：这是色。财呢？

四大天王：哦！你在曹操那里，曹操给你上马一盘金，下马一盘银，你不是贪财吗？

关公：那气呢？

四大天王：气你更大了，你过五关斩六将，你关公一辈子杀了多少人？自己被吕蒙杀了以后，灵魂都在空中叫"还我头来"，你这个脾气多大啊！就不准进去！

关公一听，站在那里傻了。忽然看到一部车子从玉皇大帝的后门进去。哎哟！这是什么人？这是袁世凯嘛！他怎么有资格进来开这个会？

四大天王：耶！袁大头谁不要啊？银洋啊。

最后看到一个人来了，蒋介石。哦！那个威风，四大天王敬礼。

关公：他怎么有资格进来啊？你刚才说我酒色财气，他呢？

四大天王：全国烟酒公卖，可见他不好酒吧！色呢？老婆离了，讨个宋美龄啊！还有离婚证书。财呢？用四大银行“中中交农”印钞票，给大家用的，他不好财。气呢？哎呀，中国的江山丢了三分之二，他都不生气啊！

这是张恨水的文章。

“抗战”与“抗战”后的金融

那个时候，有“中中交农”四大银行，四川还有川康银行，创办人刘航琛，北大毕业的，我们还是老朋友，他比我大一二十岁吧。后来他在台湾，做过经济部长。他是一个大孝子，我非常佩服他。其实国民政府、国民党欠他的情，蒋介石、宋美龄欠他的情。他做经济部长退休下来，自己还没有饭吃，带一个老母亲，一个未出嫁的姊姊，三个人在一起，外加一个老佣人。每天晚上母亲睡不着，他从三层楼，穿个长袍，六十几岁了，背妈妈从三层楼这样背下来，到街上转一圈，背回去。可是他一个经济部长退下来，手里经常没有钱的。这是讲到川康银行。当时四川还有山西人康心如开的四川美丰银行，这些都是小银行。

这些银行当时同战争的关系，财富的融通究竟怎么做，很值得研究。那么，“中中交农”这个财政，当时八年“抗战”怎么样可以维持下来？这是宋子文的时代，后来叫做孔祥熙的时代。八年“抗战”当中，国家的经济、银行的运作同财政金融的调派，当然遇到很多的问题，可是竟然熬过了八年这么大一个战争，这是整个国家民族的战争，战线拉得那么长。这里面值得研究。

好了，“抗战”胜利以后，你们晓得了，接着是内战的消耗，金融乱了，所有大小的银行、金融一概都乱了，到了一九四八年，法币被金圆券代替。金圆券这个阶段，金融非常的混乱，银行没有办法控制，我们因为时间的关系简单的报告。我亲自看到过这个银行财政的变更。

一九四九年，我到了南京。我反正是一辈子

都站在边缘，几方面，国民党也好，共产党也好，各方面都是朋友。我到南京一看，我就笑了，大家请吃饭，我对这些黄埔的同学们讲，我说不行啊，古人有一句诗“千里长江皆渡马”，长江抗不住哦！马上要过江了。他们就笑我，跟我讲了很多笑话，说你准备怎么样？我说，对不起，你们都吃荤的，我是吃素的，几十年当中同你们没有关系，就是一个朋友。所以我常常跟周公（皇甫平）两个人讲笑话，说我一辈子对于各党，我有一个立场——“买票不进场”，这是我的做法，什么时间我都有票，但是我不进场，一进场就完了。可是没有票不行哦，你们在这里开会，你们搞些什么东西我看不见，我至少有票，只要门缝打开，哦，比如你们正在这里听课，我看一看就走了。所以当时的情况，我是这样看了很多。

好了，这一下很快，讲到后来，大家就说，你看这个仗打下来，国民党几百万大军，与共产党周旋了一二十年都没有办法，为什么八个月当中一下败了？我说，原因很多啦，现在是两句话，等于一个人生病一样，“病至如山倒，病去如抽丝”，一个人得病的时候，一下感冒了，如山一样倒下来。那个兵败也是如山倒，我们都亲眼看到，可是我已经到了台湾。

台湾的混乱状态

讲一下台湾的经验，都是亲眼看到的。台湾这么一个小岛，很值得注意了，尤其你们搞金融、经济的，很值得注意。这么一个小岛，一九四九年只有八九百万人，包括我们大陆过去的一两百万人在内，到现在才二千二三百万人。

那么我呢，在一九四八年已经先去看过台湾。我在那里就很有意思了，开始住在基隆。因为我是浙江温州这边的人，有些温州人跟台湾有货品贸易，都是海产的运输，有船也带着枪，他们晓得我在台湾，都来找我，蛮好玩的。那时，我在那里做生意了，那个时候台湾没有“公司”哦，只有一个台湾银行，叫“行”。台湾一个省，实际上，我们黄埔同学们坐在一起讲，什么省啊！相当于四川的一个大县而已。这么一个县，国民党如果还搞不好，那实在是笑话了。

台湾省是清朝后期设立的，甲午战争后割让给日本。抗战胜利时，国民政府把台湾收回来，设立“台湾省行政长官公署”，后来蒋介石退到台湾。蒋先生是我的校长，我们做教官的，叫他老先生。老先生到台湾以后不是蒋总统了，是国民党的总裁。这一段历史，台湾就是一个省，农业、粮食，一切东西自给是不够的，这么一个时代我亲自经历过来。

那么我在那里，这些当年抗战打游击的来找我，尤其是在四川、西康、重庆那一带的，因为抗战八九年我都在这一带，所以有很多朋友，这批人退下来都来找我。我那里天天宾客满堂，床底下都是人。我就一边说笑一边收留，没有洗澡的，先去洗澡吃饭去。我就笑他们，两句话：“败兵之将不足以言勇，亡国大夫不足以图存。”这个话只有我骂他们。我说大陆丢了同我没有关系，你们丢的，我先在这里等你们。可是在这个时候，他们看到我在做生意，他们地方不熟，路也不熟，带来的钱都交给我管了。我说你们随便跑来，我也不懂金融，搞这个干什么呢？他们说只有你可靠啊！放在你这里。

那么，台湾整个的局势，一九四九以后的十几年当中，所有人是什么心情呢？研究台湾经济问题就要注意了，当时是四个字——“朝不保夕”，早晨起来不晓得下午怎么样，随时共产党、大陆的部队可能过来，台湾马上就没有了。共产党当时批评台湾，没有关系，这一批家伙是官僚、地痞、流氓、贪官污吏，聚集在那里，几天就把他消灭了。

事实呢？台湾什么都没有，真的很危险。可是呢，有一点，台湾还有点恐怖，“白色的恐怖”，非常严重。我后来讲笑话，说我的头还能够保住，没有在台湾被枪毙了，那真是万幸了。当时要进来台湾的时候，不管你是将军还是什么官，海关要保，要入境证。正好碰到基隆海关的联检处——海关、警备司令、警察、宪兵一起，组织一个联合检查处，这个长官是黄埔军校十四期的。他看到我也来了，说：“哦，教官你也在这里？”所以很熟，然后他替我担保的。所以我们同乡想进来，没有保证，没有入境证，都拦在外面，在海上哦，那不得了。然后就问：你在台湾认识什么人啊？然后有人讲我的名字。检查人员说："哦，那你先进去，他同意就保你上来。"最后变成我的图章放在那里，大概保了好几百人，有些人我根本不认识，不知道。

有一天，我忽然想起来政府的法律，如果我保进来的人中，有一个共产党员或者是连带有关系的，我要连坐一起枪毙。哎哟！我忽然想到危险，说，你把图章还给我，我保了多少人进来？他说三百多人。我说要命啊！所以我在台湾，后来三十多年当中，随时准备进去坐牢被枪毙。哈哈，保的是谁我也不知道，我常常做些莫名其妙的事。这个时候台湾的政治经济，就是这样危险。

分税制、黄金、计口授粮

那么，后来内地实行分税制，其实分税制的开始在台湾。台湾是个省，可是撤退过来的是整个的国民政府，所谓国民大会也在台湾。国民大会等于内地的人民代表大会，其实两党是一样的，所以这里叫人民代表，国民党那个叫国大代表，立法委员。国民党的三民主义，五权宪法，行政、立法、司法照美国的制度分开的，再加上中国的文化，一个考试，一个监察，都在这里。那么，国民党中央政府的钱、税收从哪里来？台湾一省能够负担吗？所以后来编了分税制，省跟中央分税，还是在这个地方抽。这个里头很巧妙，很有意思，我都亲眼看到。

那么，国民党当时撤退的这一批黄金，中央的黄金储备转移到台湾，其中的一位见证人，魏曾荫老先生，现在还在苏州，九十多岁了，他当年在中央银行工作，奉命参与把黄金押运到厦门，由别人再转到台湾。他两兄弟都是搞银行的，他的少爷就是魏承思。可是这一批黄金现在还摆在台湾银行，多少年都没有动过。

当时台湾很穷啊！尤其撤退下来一两百万人，张开嘴巴就要吃饭。当然，每个人身上都带有一点东西，但谁也不肯拿出来贡献给国家。我到台湾的时候，看到每个老百姓朴实、节省、勤劳，买票一定排队，很规矩。那个时候，“计口授粮”四个字等于分粮票一样，每个人分多少，这么一个经济。

治理通货膨胀

我再举个例子，这个时候省政府的财政厅长是任显群，江苏人，后来才有尹仲容，至于赵耀东，那是多年以后了。那么，我当时在杨管北家里上课，研究佛学，这个不跟你们详细讲了，听课的老朋友很多，譬如说何应钦、顾祝同、蒋鼎文，都是上将，还有些文官武将都在旁边听课。我年纪算是轻的，做老师坐在上面。任显群算是这些老长官的后辈，做财政厅长。他做财政厅长的时候，台湾负债很重，没有钱，大陆的黄金运来，放在台湾银行不动，蒋介石准备买武器反攻大陆的。所以，任先生管这个财政很艰难。

有一天，我在上课，看到任显群来见杨管北，他坐在边上不动，脸黑黑地坐着，因为这些都是他的老前辈，老长官。我看到他，就告诉杨管北，这个结拜兄弟老七来了，找你有事，我暂时不讲了。杨委员回头一看："咦！你来干吗？"任显群就走到前面来，他说："六哥啊！我告诉你，今天来见你一下，明天或者后天我就坐牢去了，也许要枪毙。"杨管北问："为什么？"他说："实在没有办法，台湾这个局面我怎么维持？你看这两天的美钞飞涨，很快地涨上来，我没有来源，抵不住啊！抵不住，责任就在我身上，我准备坐牢，枪毙就枪毙！老头子问到我，我说没有办法，实在维持不下去，又无来源。"这个时候美元外资都没有，什么都没有。当时台湾同香港、新加坡，只有船的来往，还没有航空。那么，杨管北有轮船公司。他说："真的这样？你搞不下去了？美钞压制不住了?!"

当时，这几个老前辈，何应钦这些，听了都说："显群啊！不行啊！这个你要想办法。"任显群说："报告总长，我只有命一条，没有什么办法，我不会变出钱来啊！一千多万人口，连部队，都要钱，美钞这样涨下去，这可怎么办?!"

杨委员（杨管北）说："这样吧！你立刻回去向老先生报告，向陈诚报告，你说由我出来跟你连手，把这个问题临时解决，可是他们两个要同意我随便做什么都可以。”

任显群一听：“六哥啊！你真是肯帮我！”

杨委员说：“这不是帮你啊！我们一样哦！一条船上的人，死一起死，活一起活。”

最后怎么办呢？杨委员命令自己香港载货的轮船，公开地买美钞过来。那个时候还没有电话，只有发电报到香港，三条轮船通通买美钞过来，钱由他公司里出，政府将来再还他。买了以后，任显群怎么办？把行政干部训练班的学生找来。当时青年学生们到台湾以后，叫做“流亡学生”，没有书读，就为他们办了个班叫做行政干部训练班，后来变成中兴大学。行政干部训练班毕业的，后来有人做到行政院长。那么，任显群把这些学生找来，穿便衣上街去卖美金。比如说，美金九块，这些学生讲：“我有，八块半要不要？”那个学生又来：“我也有，八块要不要？”结果，三天，把通货膨胀压下去了。

由此我得了一个结论，搞财经、经济，没有流氓手段或者非常手段，不能应急的。不过这是在当时，不能常用，偶然用用救急。这是一次经验。

那么，台湾统一用发票，也是他开始的，任何小店，任何一个店做生意，要开发票，有人盯在那里。把这批流亡青年培训了六个月到一年，就出去管这个。每个店里，每个工厂，都有人盯着，不开发票不行。统一发票现在还流行。

然后他又做什么呢？卖彩券，发行爱国奖券，五块钱一张，如果中了特奖二十万，一个月开奖二次。那时，黄金只卖二百四十块钱一两。

用这样几个办法凑拢来救急，把通货膨胀压下去，过了财经金融这一关。这个十几年是很痛苦的，台湾经济起来是后来的事。

绝利一源，用师十倍

那么，再岔过来讲一个笑话，是真实的故事，给你们做参考。有一次，任显群先生又跑来了，他说今天才有意思。

大家问："什么意思啊？"

任显群说："我今天跟蒋老先生吵架了。"

大家：“哦！这样啊！很稀奇，怎么回事啊？”

任显群：“老先生突然叫我去，一看到我，他脸发青说：‘显群，你该死！’（任显群就站在那里，他脸黑黑的，两个腿立正都站不正的，罗圈腿。）我就说：‘请问总统什么事啊？’蒋先生说：‘人家报告我，说运过来台湾的黄金，你通通给我用了一半，怪不得你做得那么好！’我就说：‘报告总统，黄金丝毫没有动，放在台湾银行仓库，我不但没有少一分一毫，我还给你增加了不少。现在我不走，你立刻派人去查，如果少一分一毫，立刻枪毙我，我不走了。’这一下，老头子愣住了：‘啊！真的啊？’我说：‘这个怎么行呢？总统一声令下，一颗子弹我就没有命了，这不是开玩笑，我不走了，你们立刻派人去查。’”

结果老头子电话打过去，真的是这样。这是财经金融的故事，也是经验。

那么，金融银行究竟怎么做，有个最重要的道理。我们学军事出身的，《阴符经》上面讲到一句话——《阴符经》是姜太公的兵书——“绝利一源，用师十倍”。譬如一个人，他耳朵听不见，眼睛往往特别好。眼睛坏了的人，耳朵感觉特别灵敏。这是个巧妙应用的道理，政治、军事、财经都用得到的。加上刚才我提到《鹖冠子》的两句话，帮助你们思想。

合作社、搭会与信用

那么，在我们撤到台湾以前，中国各县各乡村有合作社的，这个合作社的组织方法，是社会主义的思想来的。当时中国也在流行很多思潮，等于所谓姓“资”的姓“社”的，各种思想，两种制度在中国抗战以前，乃至退到台湾以前，都在流行。那么，台湾社会的经济是什么呢？也是合作社。

还有，老百姓用钱不是靠银行，而是靠搭会的，也叫招会，是台湾同福建、浙江温州的风气，邻居、亲友互相帮忙的，也有利息，有风险防范，是民间发明的小额信贷制度，很有效，但也是靠信用的。不过信用空虚了，风险就来了。

我们先休息吃饭，晚上再继续。请诸位注意我讲的故事，通过这个故事，你可以应用起来，金融财经怎么走出一条路来，这是靠大家的思想了。

好，谢谢各位，对不起，耽误大家。

第三堂

小国寡民与治大国

对不起哦，耽误大家远道而来，我乱七八糟地讲些话。刚才吃饭以前，我给大家报告，我是讲故事，八九十年来亲身所见，亲耳所闻，同我都有关联的，简单地给大家报告，关于财经跟银行的关系。

刚才我为什么讲到台湾呢？是提醒大家注意一个问题，一个政治、经济、哲学的问题。老子说过，最容易治理的是小国寡民。台湾省小小的，本地人加上我们大陆过去的，也不到一千万人，现在不过两千多万人，属于小国寡民。

所以我刚才也讲到，我们到了台湾，一班黄埔同学在那里说笑话，也是说真的，初到台湾讲这个话都是要杀头的，可是我们坐在我家里公开讲："校长要想反攻大陆，休想！"这是黄埔八期的一个同学萧天石说的，他后来写文章，搞出版社。我说，天石啊，不好意思，不要乱讲！他说这个时候还想干什么呀，再搞军统，到海岛上还能反攻回去？史无先例！他就讲了中国历史、外国历史，什么拿破仑到海岛，什么郑成功在海岛……我说，老兄啊，天下事有一个哲学的原则，政治也好，经济也好，做人也罢，有一个原则，叫"无可奈何，只能如此"！他一听，说你这样讲，我就不讲话了。我说，人到某个时候无可奈何，只能如此，这是人生的一个原则。

所以说，小国寡民可以做个借鉴，但是不可以照搬。乃至你们今天研究世界，任何一个国家，历史、地理、文化不同，可以研究借鉴，做个参考，不可以照搬。乃至每个人，都有自己的人生道路，不是重复的。中国自己有五千年历史的经验，大家都没有好好研究参考。

话转回来，为什么台湾后来变成"亚洲四小龙"之一，经济这样发展？我刚才报告的是初期的台湾。我说台湾能够稳定财政金融的是任显群，跟着下来的是尹仲容，后来是李国鼎，至于其他的再说了。我说他们很有功劳，了不起！

台湾当时的经济，日本人留下来几大公司，由民间接手办，有电力公司，我们李传洪同学，他父亲就是电力公司大股东。然后是台糖公司（糖业公司）、农林公司，后来新办了水泥公司。李传洪就做过农林公司的总经理，不过他懒得做官。我就笑他喜欢玩钱不做官，做总经理一天也不去上班，随便找个人去代理，自己玩了半年，我到美国他就跟我走了。

小国寡民，容易治理，应该做得好。所以我说国民党蒋先生，小国寡民如果都治不好，一个县那么大都治不好，还来谈什么政治？结果是搞得蛮好。

但是我们注意啊，中国是大国，十三亿人口！老子有一句话，是政治哲学，“治大国若烹小鲜”，千万要注意！治理大国家就像煮菜一样，小鲜，小鱼小虾，不是大鱼大肉，不是红烧的。比如太湖出银鱼，很细的一条，小小的，不需要红烧，也不能猛火，要文火慢慢蒸煮的，不然就烂了，这是原则。所以老子告诉我们政治哲学、经济哲学，同一个道理，“治大国若烹小鲜”！

政治与经济的主辅

关于政治问题、经济问题，我常常当着外国朋友讲，我说你们同我们文化不同。尤其同美国人讲，你不过两三百年的历史，我说你不要谈了，讲文化思想，你给我们做徒孙都不够；讲科技嘛，我说马马虎虎还可以，临时拜你做师傅。

中国几千年来的文化，注重政治为主，经济是辅助的，为什么？认为政治安好，天下就安定，经济自然就好。西方的文化，文艺复兴以后到现在，我们现在走的这条路线，是认为经济治好了，政治就好了——根本错误的！我是顽固的死读中国书的人，所以讲到经济、货币、金融，让大家注意自己的文化，譬如《食货志》，所有的资料都在《古今图书集成》里头，都给你集中了。

很多理论，我现在没时间给大家讲，大家路远还要回去的。现在只讲到，台湾当年又怕大陆打过来，又怕穷。谁帮忙了？毛先生，毛泽东老兄帮忙。他搞什么“大跃进”、“人民公社”，最后搞到“文化大革命”，台湾则开展大赦。这样给台湾留下来这个安定的空间。

我们读历史有一个原则，读历史你们千万注意，比如在台湾的国民党，乃至蒋先生父子，古人有两句话：“虽曰人事，岂非天命哉！”虽然讲政治，一切胜败是人事，“岂非天命哉”——一个不可知的力量，运气！历史上，尤其你看司马迁写的《史记》，各方面政治安定与否，当然靠人事的努力，另外加上国家民族有他的运气。

当年，我在台湾国民党的中央党部讲课，为什么讲呢？这个时候大陆正在批孔批林，国民党的中央党部叫我去讲，《论语别裁》就是这样开始讲的。我说批孔没有用的，批不了的，孔子打不倒的。后来我就讲过中华民族的命运，一九八七年（丁卯年）以后转运了。他们问我，当场有个中央委员站起来问：“南老师，你说转运了？”我说：“转运了！”他马上问：“有多少年？”我说：“两百年的大运，将来比康乾盛世还好！”他说：“你打保票吗？”我说：“我再讲一句话，不是打保票，是根据历史的经验啊！”

克难运动

我怕话拉长了，赶紧转回来，讲台湾的故事。在那个阶段，怕大陆共产党打过来，台湾自己又那么穷，什么都没有，就是刚才讲到任显群这个阶段。渐渐地，开展了“克难运动”。这个时候，你想从大陆退下来的兵，都是十几岁当兵抗战的，退到台湾去，住到什么地方？哪里有房？都是自己想办法搭出来的，一家一家的，都是竹篱笆一隔就是一家了。中间的故事太多了，这是克难运动，克服困难，那时的经济是这样。

后来慢慢地就提倡“客厅就是工厂”，提倡每个人在家里，妇女老幼一起做手工业，客厅即是工厂！

土地公有与金融

那么，国民党的政治，孙中山先生讲“三民主义”，什么叫“民生主义”？你翻开孙中山先生的三民主义看，民生主义就是共产主义，换句话说，共产主义就是民生主义。所以台湾开始推行了“耕者有其田”，土地政策彻底改变。大陆是共产党一声命令，统统收回公有。

几千年的土地政策，你说他是公有吗？私有的。你说他是私有吗？公有的。这里头有很有趣的、很要紧的政治问题，同你们搞经济银行的，有绝对的关系。

台湾土地收回公有，是钱买来的。当时督办这个事情的是陈诚。他跟我有先后同学的关系，是军人。陈诚当年也是威风很大的。土地收回国有，使耕者有其田，非常难！这有中国几千年的习惯。然后就拿钱买，大家不要怕，你有多少土地，我们拿钱买，拿什么钱来买？股票！就是刚才谈的电力公司、糖业公司、农林公司……好多股票。结果大家也反对，当时的地主豪门非常反对。我们就笑。因为陈诚是我们同学，他跟我们有个玩笑话，他叫我是“南和尚”，晓得我信佛嘛！他听了反对声音后说：“你们不要怕。南和尚只要不讲话就可以了。”有时候我是批评他的，这次我说我很赞成他。

到了最后，土地公有，重新分配，大家不赞

成。结果他把所有的地主财阀找来，开了一个大会。他是东南长官——先前叫做东南长官，后来变副总统。他穿军服来开会，开始没有说话，一切阵势都摆好，最后他说，三天以后就开始实行，土地收回重新分配，你们同意也好，不同意也好，就是那么办！我是军人，大家骂我军阀，搞惯了，你们知道了?！然后他站起来就走。当天夜里，这些地主啊，很有权力的地主逃了，跑到日本了，等等。

土地公有，今天为什么提这个东西呢？金融银行现在跟土地已经绑在一起了！

我说台湾当时那么穷，后来靠大陆帮忙，第一个机会是韩战。我们人力便宜，外国人，日本人、美国人都来投资了，做工厂，利用我们人力，所以台湾变成"四小龙"，一下就发起来了。

发起来以后，因为有些土地分配给自耕农了嘛，那些拿到土地的人，慢慢就同现在一样，到处盖房子，到处建设。本来十块钱的土地价钱，一下变成几百万、几千万，同现在情况一样。这个问题要特别特别注意！我简单几句话带过去，但是，这个对研究经济、研究金融的发展，很有“意思”呵，不是“很有意思”，那是客气话带过去，这是个大问题！因为中间牵涉的内容太多了。

土地收归公有，同现在有关系了，土地跟金融绑在一起的，你研究中国历史就知道。我说，我一本讲《孟子》的书中间停掉了，为什么不讲？人家问我，土地究竟国有公有好？还是民有私有好？讲不清楚的。我们中国上古周朝以前，叫“封建”。大家把后来几千年也叫做“封建”，是不读书不读历史，把历史观念搞错了！我们中国的周朝，是封建八百年的政权，姬家的。这个时候所谓的“井田制”，是土地公有，这个土地公有，在上古是一千多年了，这个阶段叫“封建”。

土地私有是什么人开始的呢？从齐桓公这里，管仲开始的。后来真正开始是秦国，叫秦孝公，秦始皇的上辈，开始商鞅变法。你们应该知道这个历史，土地变成私有，这是春秋战国时期，然后就是四五百年的秦汉时期。

公与私的辨证

你读历史，就看到土地公有制变成私有制，是这样困难。所以这个历史哲学很讲不通，究竟公好，还是私好？讲不清楚。由此就讲到中国的儒家，中国儒家讲道，这都是人性的问题，天下绝对没有公，不可能，任何一个人也做不到的。天下绝对为公就无我，没有这个人。天下绝对为私，也做不到，谁也不干，自古完全管自己不管他人，也不可能。所以儒家呢，就是中庸之道，公里头保持一部分的自私，私里头要大部分变成公，这是大哲学的问题。

所以到了汉朝王莽篡位，王莽想把私有制变成公有制，结果失败了。我说读历史很难读透，读中国历史，失败了以后，历史的结论，四个字"民曰不便"。这是个大政治哲学，变革常常因为"民曰不便"而失败。习惯了私有，一下变公有了，老百姓反对，反对的原因是不方便。所以，王莽要它变公有制做不到。然后过了一千多年，到宋朝王安石变法，也想走公有制，王安石也失败了。这一次，中国共产党绝对推行土地公有，台湾也是，先做到了公有，再行分配，但两个方式不同。

盛名之下不可久居

我在台湾三十六年，最后我也要离开台湾了。一九四九年我到台湾之前，在南京跟同学们碰在一起谈话，“你决定走啊?”我说决定走，不过啊，天下是你们的事，我不管，我反正做世外闲人就好了。到了台湾，我说我绝不出国。可是三十六年后，我出国了。为什么出国呢？有原因的。我感觉到逼不得已，非离开不可。大家问我你为什么走？我自己吹牛，说“盛名之下不可久居”，因为我在那里，海、陆、空三军总司令都是我的学生，文官政治大部分人都是来听课的学生，而且海、陆、空部队轮回演讲。这个事情人家以为很光荣，很舒服，我很害怕，这就犯了一个危险，“盛名之下不可久居”！遭人忌。所以我在台湾教大学的时候，在大学研究所带博士生、硕士生，从来上课不点名的，来了就讲，讲完了就走。我说现在教育没有尊师重道，我是出卖知识，跟你们交换一下，你们是顾客，是商业行为，顾客至上，没有尊师重道了。我用不着向你们点名，你们将来哪一位做了总统，我一定离开这里，不然就不好办了。这个老师喜欢骂人的，看到了骂你一顿我一顿的，这不行啦！所以离开了台湾。

《票据法》的兴废

那么，我们在台湾，看到了这个时候银行的发展。这个时候，除了台湾银行以外，华南银行、第一银行、彰化银行，都是台湾方面起来办的。还有一个最重要的，信用合作社。我在前面跟你们提过，这个是社会主义的产品，在大陆当年就实行的。我现在常常告诉地方的首长们，我说你们怎么不把农村的信用合作社连起来？连起来自己经济自由地活动，你不要靠银行、靠外面去借钱，也不要靠外援，中国人有这个经验的，研究起来内容就很多了。台湾当年用信用合作社，贡献很大，但是后来没有控制好风险，出了大事，是教训。

那么我们在台湾用的银行，就同大陆当时的银行不同了，很自由。可是，台湾这个时候金融发展，整个社会支票满天飞，很多支票在银行不能兑现。结果呢，台湾颁布了一个特别的法——《票据法》，用了好几年，很多朋友因这个法而坐牢。假使你开一千块的支票，今天兑现，三点半以前支票来兑现了，可是你只有八九百块，也算犯法，没有信用，就送去坐牢了。这样坐牢的很多很多。

这个《票据法》，当时在台湾银行界叫做“恶法”。我有好几个朋友都因此坐了牢。有一个朋友学问很好，名人，他开了个小公司，结果犯了《票据法》。你如果犯了《票据法》，后来补钱都没有用，一定严厉地执行，除非抓你不到，但是要通缉，要东躲西藏。这个朋友也犯了《票据法》，我说老兄，你不要躲了，我给你薪水，等于我的职员，每个月给你家里薪水照拿，你去坐牢去报到。他就听我的话去报到了。

因为他进了牢，我就去牢里看他。我跟牢狱素来关系很密切，因为我常常去看人，牢狱看守对我好像很熟悉，听到我一来开大门迎接。我每次到牢里去都要折本，一看碰到熟人，哟！你也在这里呀！缺什么东西吗？还有好几个医生都在牢里，我说你医务所怎么样？“老师！”他说，“我在这里碰到你很奇怪，我也是因为《票据法》进来的。”他医学的技术很好，在监狱里帮忙，药不够，碰到我来了，就诉苦了。那个典狱长（牢头）就看我，我说好吧，我回去给你捐一批药来。然后我说我要去看一下女监，典狱长跟我说，老师啊，女监你就不必去了。我说，哎，你有什么秘密啊？女监里头有什么不能告人的事？他说不是这样，不是这样，老师呀，你误会了！好好好，我带你去。我进去一看，一百多个很漂亮的太太坐在里面，还有几个抱小孩子的。我说怎么那么多女犯人呀？她们犯了什么法？他说百分之九十是犯《票据法》，丈夫做生意开了公司，太太挂名董事长，票据不兑现，太太就进来了，还有带孩子坐牢的。

这就是台湾监管银行的《票据法》，后来作废了。这是讲到这里顺便告诉大家的，同你们贵会有关系，算不定你们将来玩出来这个。这个不要玩啊，玩得没有道理。

台湾的银行用得很灵活。我很遗憾，我们这里搞银行的，没有到台湾真实地研究过，看过经验教训。不算学习，你说我派人来学习，完了！最好是悄悄地知道了台湾、香港银行的做法，外国的做法，弄通了，然后根据中国自己的情况，研究自己的办法，不要生搬硬套。

文物衣冠与中药

再讲我到了美国。我这个人啊，很好玩的，不喜欢穿西装，尤其出国我更要穿这个衣服（长袍），我小的时候读书就这样穿的，穿了几十年。我可怜中国人自己没有一套衣服，革命了一百年了，自己一套衣服没有，一个国家民族四个字——“文物衣冠”，自己没有！

我到美国去的时候，带了十几箱的行李，两大箱都是中成药，台湾做的科学中药，用最先进的技术提炼出来，不用煎的，很方便，很有效，可惜大陆现在还没有。跟我出去的同学们也有十几个人，在外国看不起病喔，贵得很，所以我就带了两箱中成药。中成药是不能进美国海关的，而且我们从旧金山经过，这是美国海关最讨厌最难进的地方。

我们推着行李车快到进口时，海关有个小狗出来，一个黑人带了条小狗检查毒品。我那个药就堆在行李的第三第四层的，那个小狗就爬上去在那里转，这下严重了。那个海关的人回头看我，我也不动声色地看着他微笑，我等他来问我。这样转了半天，好像是李传洪还是什么人站在旁边。大家人都快走完了，我说你们都进去了我再来。海关的人过来问那个黑人，他看我那个样子站着，只笑不动，穿个长袍拿个手棍，装那个死相。他说他是谁呀？传洪他们就讲，你们不知道，这是中国现代的孔子啊，你们国务院请他来讲学的，他卖面子才过来啊！他们说，哦，这样的啊！这个行李……我告诉他们说，你告诉他，这两箱里头是中国药，可带，就进去，不可带，就放在海关，我回去的时候在海关拿回去，带走。他去讲了，海关人看看我："请吧！"十二箱行李一起过来，不检查，就靠长袍手棍的力量。

美国、法国的银行

我到每一个地方就说，试试这个社会、国家。所以到美国银行，一下我就发现不同。我原来在中国搞惯了，"中中交农"这些小银行，很多都是熟人朋友，我看美国银行大概有许多比较大一点的，还是国立的吧，不是统统私人办的。结果我们一去存款就发现了，哎呀，不能存多了。美国这些银行呀，私立的，每一家都可能会倒，银行万一倒了，不管你存多少，你存一百万美金也好，最后只赔你十万。好，我说那我们不能存多了，分开，结果这里二十万，那里三十万，此其一。

第二，像我们在台湾去银行领款，一百万两百万，拿个报纸一包，夹了就走。有一天，我跟李素美去美国银行，真的需要现金十万块，这我们在台湾搞惯了的，十万块在观念里头，虽然是美金，但觉得很少。现在要领现金十万块，完了！柜台上十几个人，男男女女都站起来，说你需要那么多?！我们说：“是呀。”现金吗?“是。”哦?！请坐，泡咖啡来，坐在那里搞了半天，他们进去商量。美国的银行、外国的银行，拿现金很困难，几百块千把块还可以了，已经很大了，再不要说十万块，还是现金，这使他们为难了。总算是在那里，咖啡啊喝得差不多了，我说这一下我总算看到美国的银行了。

然后，出来了两个小姐，请我们到地下室，她们坐下来点钞票。好了，十万块美金，我们在台湾两手一翻哗啦哗啦，一下就数完了。他们不，一，二……一张一张数，把我们急得呀！李素美讲，小姐呀，你不要这样数，我数给你看！然后她们看了，哟！很佩服！数完了，她说不行，你还是拿给我，又开始一张张数。哎呀！好痛苦！

等到十万块钱拿到了，我们站起来，我还是穿长袍，李素美很马虎的，匆匆忙忙的，两只鞋子不一样，袜子一样，这很失礼的，她也不管。这个银行的人跟出来了，问我们要不要派两个警员保镖？我说为什么？她们说这个很危险的呀！在美国的确很危险。你们怎么走啊？我们说，我们车子在这里，上车就走，我们在台湾弄惯了的。她们说这个太可怕了！我说这个不用你负责，你现金已经交到了，我们把钱往车子上一丢，上车就走了。这是美国银行。

后来我们到法国，中间经过都不讲了，我讲这些故事给你们做参考。后来到法国我也那么问，更麻烦了！到里昂银行去开户头，银行职员问："你存多少？"我告诉李素美，少一点，少一点，外国人眼孔浅，存个二十万美金，试他一下。结果，咳！那个手续好麻烦，外国人开个户头，还要通过很多的关系，才能够进去。我问，你们法国人钱都存银行的吗？"存啊！"存多少？"最多五千，几百就够了！"我说法国人每个人只有这点钱啊？"不是呀，钱很多。"存哪里？"存外国银行，存比利时银行、荷兰银行，在本国银行都存得很少。"哦，我一听有数了。本国税务关系，你银行户头（钱）多了，搭税，要加税的。税务跟银行又一层关系在里面。

结果我们在法国开的银行户头，后来还被人家盗用。我们过了一两年，回到香港才知道，法国银行通知我们钱用完了。咦？没有呀！结果还委托法国的什么人请律师打官司，打了两三年才找回来。所以外国银行很多很多零碎啊！这些是我向你们诸位银行家讲亲身经历的故事，都要亲自去看的。你们组团出去考察，人家给你考察的都是表面，我们民间亲自用过的才真正知道。

做生意的时机

上面讲的是银行。到了美国，大家要去看看赌场。我带了他们，李传洪啊、李素美啊、沙弥啊，到了大西洋赌城。你们看到一本小说叫《飘》，讲美国南北战争的时候，一个女的一个男的，在这个时候做生意，发现一个原则：生意是什么时候做？一个国家动乱战争的时候是最好的商机。或者是仗打完了，社会变乱完了，安定的时候是一个商机。现在是安定中间，几乎很少有生意的机会了。小说中那个地方，就在大西洋赌城那一带。

我们到了赌城，李传洪爱玩，他在赌城里头开了户头是我的名字，结果我成了赌场里的大赌客。他先在柜台上付了一百万美金，放在这里赌的，这个变成大客户了！其实我不会赌，跟他们在那里玩了三天，每次平局。为什么去大西洋赌城那个地区呢？考察这个地方南北战争的关系，观察这个历史的关系。

金温铁路与试验中国银行

我刚才跟你们诸位声明过，我是讲故事给你们听，这个银行，来不及讲了，我拼命在浓缩我亲身几十年的经历。好了，大家要不要休息呀？（不要！）可以吗？很累哦！我们再讲下去，我怕给下课铃声一打搞断了。

我是一九八五年到美国，一九八八年圣诞节过后不久回到香港。我叫它耶诞节，中国人跟着叫耶稣是圣人，圣诞节，我说我只能叫它耶诞节，我们孔子是圣人，释迦牟尼佛也是圣人，耶稣是不是，我不知道啊。

我一到香港，第一天一到，北京已经有人来等我了。哟！我说老兄，你们的情报真灵光呀！他说等你三天了！我说真了不起，情报很好！他说你一切的行踪我们都知道。我说我知道，你们果然不错，不是吃干饭的！都是老朋友，我问他来干什么？他说为了台湾问题，我说那同我不相干。结果他们硬是请我把两岸牵起来和谈。后来有了共识。这里面故事很多了，没有时间讲。

跟着下来，温州方面我家乡的市长来了，他说要我做金温铁路，浙江温州到金华这一条，连接浙赣路，连接到上海的铁路。我说，一百年了，由孙中山起没有修好，毛主席修过，因为苏联断交关系没有修好，邓小平接上没有修，李鹏也接上没有修，你跑来要我去？我说我没有钱唉！他说不要紧。我说你什么意思？他说只要你牵个头，就会做成了。我说真的啊？但是我真的不想做。后来，我说一百年了，你们做不好，我做给你看！开始投资铁路，这条铁路六年内完成了。可是现在，铁路在哪里，车站在哪里，一概不知道，我也不管，就是为老百姓造了条路。造好了，还路于民。假使我去坐火车，照样是要排队买票。

为什么讲起造铁路这个阶段呢？一九八九年，北京闹事的时候，北京老朋友打电话问我“你看怎么样”？我就告诉他，老兄，没有事！“啊，真的啊？”绝对三个月以后一点事没有！“那你回来的计划？”我说照旧不变！我定的政策是不变，造铁路，该投资就投资。

好，做铁路当然要投资啊！这是第一次试验内地的银行，我叫李素美李总经理先汇一百万美金过去。结果汇进来一个月了，不晓得钱在哪里！浙江方面说他们户头上没有钱，结果东查西查，钱还在北京的中国银行，然后北京又转到浙江中国银行，浙江中国银行又转到哪里，然后又到温州。哟！我说中国这个叫银行啊？然后我说再试，私人汇了五万块或者一万块美金什么的。结果手续非常难办。而且领出来呢，只准领一万两万人民币。这是中国银行，你们现在怎么样我不知道，当时是那个样子！

每一个银行，从国民党起，银行本身就有监察人的，现在你们有了银监会，唔，这个更奇怪了！对不起啊，不是批评你们，是讲真话。所以陈峰打电话给我说，银监会主席要我讲，我想三四十个人吧，因为一个银行两个监察委员嘛。哟！现在银监会全国两万多人，这是个什么机构呀？然后我一算，假使再加上全国的银行职员，在中国搞银行的，起码十几万人！——白银都给他摸黑了。所以我刚才首先提出来："绝利一源，用师十倍。"

其实中国到了现在，真懂银行的人有多少呢？原本就没有建立适合自己的体制。我看了美国的银行、法国的银行，日本银行也试过，其他国家还没有去，这些不是没有问题，但是比起中国的银行，经验多很多。现在我们的银行不是银行，好像是个官僚机构。

对不起，你们要不要休息呀？因为我怕你们路远，所以赶紧补充几点，匆匆忙忙讲的，讲完了大家可以回去睡觉。对不起啊！

文学与人生修养

那么现在，我缩小范围讲，劝大家读书，这是劝银行界朋友们个人修养的。我刚才都是讲真话，还不算真的批评。要我批评起来，这些经验很多很多。

我以前常常笑，我在上海国家会计学院上课也讲，我们看银行的人，搞经济的人，乃至会计、会计师，一个什么看法呢，算是对他一生的结论？比如看到一个同学毕业了，问他找到什么工作？老师啊，我进了银行。我说恭喜呀，那是个铁饭碗，我说你不要随便辞职啊。老师这是什么意思啊？我说一个人要上吊了，挂在大树上才吊得死，你不要给民间小公司做个小职员，挂小树上吊也吊不死呢，树也断了！在银行啊、政府机构啊，做公务员千万不要离开，挂在大树吊一辈子舒服得很，下半辈子荡秋千！但是我说做银行、搞会计的是什么呢？一辈子只有几句话，“圈子是愈画愈多”——地位高一点，圈圈多一些；“车子愈坐愈新”，“房子愈住愈大，个性愈来愈渺小”。可是为了生计问题，那真是一个铁饭碗。

我现在是心里很急，给大家浓缩，怕耽误时间，诸位还要回到上海，太对不起了！

你们诸位做银行业的，要学一个人的境界，宋代的朱敦儒。因为你们一讲银行界的，我就想到中国文学。一讲文学，我有一句话：文化的基础在文学，文学的基础在诗词。

中国的哲学、中国的政治、中国的经济都在这个里头，中国人的文化是文哲不分，文化跟哲学不能分开，根本没有单独的哲学，不像西方人单独地分科。中国的文人，文章诗词里头太多的哲学了，文哲不分。同时，文史不分，一个哲学家应该懂历史，历史跟哲学、文学，三位一体，不分家的。再一个，文政不分，一个大政治家，又是哲学家、文学家。这是中国文化的特点。

讲到个人修养，我看你们在这个好位子上，我劝大家拿空余的时间多读书，研究一下中国的问题，对中国未来做些什么贡献。不然的话，大家八个钟头上班，应酬两餐，吃饭喝酒，去了四个钟头，然后签签到，看看报，抽抽烟，聊聊天，完了。这样浪费一生！看到也在办公，实际非常糟蹋自己！不如多读书。我老一辈子的银行界的朋友，会做诗的蛮多的，我手边没有带，只好抽古人的，北宋朱敦儒的词。

我们看第一首，词牌是《鹧鸪天》：

> 我是清都山水郎，天教懒慢带疏狂。曾批给露支风敕，累奏留云借月章。　诗万首，酒千觞，几曾着眼看侯王。玉楼金阙慵归去，且插梅花醉洛阳。

这首词是他在西都作的，当时的“西都”就是洛阳。“我是清都山水郎”，“清都”，是天帝的宫殿，他说自己是为天帝管理山水的。这是比方，他是进士出身，做过大官的，这句表达他虽然做官，但是淡泊尘世，喜欢自然。“天教懒慢带疏狂”，很有气派，没把荣华富贵放在心上。他不是做不到官，故作狂态喔。“曾批给露支风敕”，这是说什么？露、风是帮忙草木庄稼生长的，代表他行使做官的职权，需要风的地方给风，需要雨的给雨。“累奏留云借月章”，常常上奏章，报告这个钱该发不该发，怎么调配周转。“留云”，报告玉皇大帝，现在的情况，需要把云停住了，不可以动。“借月”，有时候需要把月亮移过来。“诗万首，酒千觞”，他学问很好，也很豪迈。“几曾着眼看侯王”，因为自己是才子出身，官也做得大，可是没有把荣华富贵放在心上。“玉楼金阙慵归去，且插梅花醉洛阳”，这句讲他很潇洒。

我劝你们诸位，有空多研究文学，对于人生，精神上舒服一点，免得天天跟圈圈打交道。说到天天跟圈圈打交道，也有个故事。我们小的时候，有些人出来外面做事，文盲，不会写信的，到街上去找那个摆摊子的代书写家信。结果那个代书也骗人。太太收到信打开一看，一张纸上都是圈圈，太太当然很着急，拿到街上请代书给看看。那个人说，这封信写得很好啊！“怎么好？”他说信的意思是：大圈圈是我，小圈圈是你，还有那数不尽的相思，一路相思圈到底！

我们再看第二首，词牌是《西江月》：

世事短如春梦，人情薄似秋云。不须计

较苦劳心，万事原来有命。　　幸遇三杯酒好，况逢一朵花新。片时欢笑且相亲，明日阴晴未定。

“世事短如春梦，人情薄似秋云。不须计较苦劳心，万事原来有命”，他把人生哲学看通了，这个不要解释了。古人读诗读词不是这样读，我们读书的时候是要唱出来读的，唱昆曲、唱京戏一样念。“幸遇三杯酒好，况逢一朵花新。片时欢笑且相亲，明日阴晴未定”，人生境界如此，你说明天、后天，人生究竟怎么样？谁也没有把握，“明日阴晴未定”！

第三首，也是《西江月》的词牌：

日日深杯酒满，朝朝小圃花开。自歌自舞自开怀，且喜无拘无碍。　　青史几番春梦，红尘多少奇才。不须计较更安排，领取而今现在。

“日日深杯酒满，朝朝小圃花开。自歌自舞自开怀，且喜无拘无碍”，讲他享受恬淡自然，自娱自乐，乃至不做官的时候，退下来，享受人生这个境界。“青史几番春梦”，历史上每一朝，每一个人生，都如做一场梦一样。“红尘多少奇才”，这个世界上能干的人很多啊。“不须计较更安排，领取而今现在”，他说你担心什么呀，世界上人才很多，自己退下来蛮好，什么成败得失，功名富贵，是非荣辱，都是春梦一场，当下就可以放下烦恼，豁达自在。

这个随便给你们做个参考，好玩的。最好多读书，把文学心情配搭人生，你们做银行工作太苦了，太闷了，这样来轻松一点。

哦，还有一首《念奴娇》：

> 老来可喜，是历遍人间，谙知物外；看透虚空，将恨海愁山，一时挼碎。免被花迷，不为酒困，到处惺惺地，饱来觅睡，睡起逢场作戏。　休说古往今来，乃翁心里，没计许多般事。也不修仙，不佞佛，不学栖栖孔子。懒共贤争，从教他笑，如此只如此。杂剧打了，戏衫脱与呆底。

他最后退下来了，不做官了。你看这首词的最后一行“如此只如此”，人生到了某一个景况，这样只好这样了！“杂剧打了，戏衫脱与呆底”，他不做官了，等于是你们银行总经理也不做了，这出戏我唱完了，把唱戏穿的这个袍子留下来，给后面这个傻瓜去，我不干了。“杂剧打了”，我这个戏演完了，辞职了。“戏衫脱”，戏唱完了。“呆底”，那个傻瓜，这是开玩笑的话，把唱戏的衣服留给后面的家伙穿吧。

两首诗的感慨

本来这次给你们准备蛮多的，因为时间关系，来不及讲。刚才我给你们讲，我离开台湾到美国，也到大西洋赌城看过的，有两首诗是那个时候的感慨。我离开台湾已经很感慨了，由大陆到台湾，由台湾又到美国……

第一首诗，题目叫《首途赴美》：

不是乘风归去也　只缘避迹出乡邦
江山故国情无限　始信尼山输楚狂

我这个题目就有问题，心里很不愿意离开自己的国家，大陆和台湾，当然是自己的国家，结果自己到外国去，心里不甘愿，但是只好去了。“不是乘风归去也，只缘避迹出乡邦”，我在台湾不能留，再留下来文的武的都变成我的朋友了，我又不想组党，又不想拉帮，也不想结派，何必在这里？所以走了，“只缘避迹出乡邦”。“江山故国情无限”，离开自己的国家土地，心里头不是味道。“始信尼山输楚狂”，尼山是孔子，楚狂是道家的，装疯卖傻的，楚国有个狂人叫陆接舆，骂孔子，你这样干什么啊？这个时代实在救不起来，你赶快不要搞了！我说这个时候离开自己的国家，走了，我才彻底相信孔子不如这个疯子，楚国的狂人。

第二首，《道出大西洋赌城》：

风云催客出三台　策杖闲观旧战嵬
何必赌城始论赌　人生都是赌输来

“风云催客出三台”，台北、台中、台南是三台，我离开台湾了。“策杖闲观旧战嵬”，现在来看南北战争的那个要点地方，就在大西洋赌城那里。下面两句话，请大家注意！“何必赌城始论赌”，人生何必到赌城里头来才谈打赌呢？“人生都是赌输来”，我们做人就输了！最好不要来做人，既然投胎来做人，这一辈子已经输掉了！呵呵，“何必赌城始论赌，人生都是赌输来”。

所以今天下午到现在，我说你们来，其实你们诸位是跟我来赌的，我输了，你们更输了！呵呵，那么远跑来，听我乱讲。

我想为了时间的关系，你们还要动身，要紧的话，许多想讲的话，准备的资料也蛮多，都来不及讲了，大概向大家作个报告，你们那么远来，非常对不起啊！我讲的话同你们的本行银行经济没有多大联系，但有关系。只劝你们多读书，为我们中国人，真正建立一个中国文化的利民富国的金融体制。怎么想办法去研究建立，而且要简化，要轻便，千万不要一张一张钞票那么数，我放了五块钱美金只能拿五块钱人民币出来，这样的事不能干。

还有，现在银行的职员，尤其是柜台上的，我看那个紧张的态度是非常难看。我以前就讲，一个银行，一个邮政局，柜台上的那个面孔，最好带一点笑容，不要女的带个晚娘（继母）的面孔，男的好像带个讨债的面孔，很不应该。

好吧，今天很对不起啊！简单明了讲讲。

（大家起立敬谢。课程结束。）

新旧文化的企业家反思

| 2007 年 7 月 28 日 |

第一堂

缘起与感想

研究自己的经济学

“三礼”与文化

历史的重要性

发展企业要研究管仲

管鲍之交与做领袖的条件

缘起与感想

张维迎院长：南老师、各位光华学院的朋友，今天我们以非常崇敬的心情来到太湖大学堂，聆听南老师给我们讲课。很多人看过南老师的书，能够亲身听南老师讲课是很特殊的经验。光华管理学院这一次活动，是想把中华民族优秀传统文化的管理之道建立起来。南老师是光华教育基金会的理事长，我们这一次是来自光华教育基金会的支持，南老师也一直对我们光华管理学院有很多的关心。

这一次的活动其实已经筹办了一年的时间，赵海英是我们光华管理学院的教授，由她找南老师讲这一件事，南老师很高兴地答应，我和海英两个月前来过这里拜访南老师，讨论这一次讲课的内容。

接下来，大家心情放轻松，在这个非常神圣

的地方听南老师给我们讲课，我们放掉脑内杂念来听这个课，我希望大家今天和明天这两个半天的时间，在我们人生的学习路上，留下非常难忘的怀念，使我们每个人得到升华。下面我们就欢迎南老师来给我们讲课。

南师：诸位先生，刚才张院长这一讲，天气又热，听得我毛骨悚然。孟子有两句话——“不虞之誉，求全之毁”——八个字。“不虞之誉”，大家同我一样活在这个世界上，想不到有许多的高帽子，被人家恭维你；“求全之毁”，别人要求你很高的，每个人手里有把尺，不量自己，专门量别人，这个人做人对不对？事情做得好不好？都是对别人要求圆满，这是“求全之毁”。为什么我引用这两句话？刚才张院长讲话对我特别地恭维，这个恭维很可怕的。这样的大热天，很抱歉让大家从那么远的地方，跑到这里来受罪，不过既然是“光华”，你们“光华”一到，这个地方就蓬荜生辉了。

现在，我要向大家报告关于这一次的研究。我不是讲课，只是我年纪大了一点，跟大家做一个研讨。不晓得你们大家的目的是什么。我常常问年轻出国的同学要学什么？他说企业管理。我说那落伍了，现在企业管理太多了，将来没有地方给你管理了。等于说我们八九十年前讲经济学很热门，可是现在经济学太多了。因此，张院长和赵海英博士来跟我讲时，我随便取一个题目叫“新旧文化的企业家反思”。但是，我对这个题目有很深的感想，尤其是最近我们国家的工商界，二十多年来发展到今天，我觉得是迷路了，长期的迷路，这是我个人的观点。

我现在九十岁了，生命的经历很多，这个国家大革命以后，经过北伐，我亲自参加过抗战，经历过国内的变化，在海内外大波浪之间，直到现在二十一世纪，我觉得有了问题。诸位都是全国企业界的精英，那么谦虚好学，这些问题使我想到中国古代禅宗的两句话：“一片白云横谷口，几多归鸟尽迷巢。”我觉得这个时代，配合我们今天要研究的题目，这两句话的意义非常深刻。

我们的国家社会，今天的发展非常繁荣，好

像人人都前途无量，朝气蓬勃。事实上，国家的经济观点与诸位企业家的观点，都有“一片白云横谷口”的现象，不是黑云哦！是很漂亮的白云，可是把自己遮住了，一切都搞不清楚了，所以是“一片白云横谷口，几多归鸟尽迷巢”，本来是自己的家，鸟要飞回来，可是因为这片白云遮住了，迷巢了。我深深地感到，这个时代有这么一个现象。

由张院长刚才很客气的这一番话，我先讲了自己的感想。至于这一次讲课的因缘也很奇怪，光华教育基金会是我一个老学生尹衍梁办的，我是理事长，这是一九八九年建立的。到现在为止，这个光华教育基金会好像在三十几个大学设立了奖励基金，受奖的人大概有十万多人，尹衍梁告诉我，总共花了几千万美金了。当年他创办的时候没有告诉我。有一次，他在我房间里突然跟我说：“我听懂了你的话，我去做了一件事。”那个时候是一九八九年，时间我记不得了，他从北京回来跟我讲了这个事，成立了这个基金会，他说理事长是我。我就讲他不对，万事要征求我的同意。他说这个是好事，我来不及跟你讲，而且北京那边不是你出面搞不好的。所以到现在我还是理事长，一个大学我也没有去过，可是晓得做了好事，不过到现在我还责怪他。后来他又在北大办了光华学院，好像浙江大学还有光华的法学院，都是他做的事。

我很抱歉到现在还没有跟光华见面，第一次跟张院长见面也不是尹衍梁带来的，是赵博士，所以我就答应了。关于奖学金，我做的事情常常是错的，这个事情也是“一片白云横谷口，几多归鸟尽迷巢”的一个现象，我反对奖学金，那个是锦上添花；我赞成助学金，这才是雪中送炭。

研究自己的经济学

大家在这里千万心情要放松下来，不要认为是听我讲课，我平生一无所长，也没有什么真的学问，吹牛可以，倚老卖老罢了。譬如我刚才讲“一片白云横谷口，几多归鸟尽迷巢”，国家开放发展二十几年了，这个中间我看得眼花缭乱，也看到没有计划的发展，常常有一种感觉，像《桃花扇》里面有两句话："眼看他起朱楼……眼看他楼塌了。"这样的故事，个人、公司、企业的，我看得太多了。如果拿我这个年龄看，由北伐到抗战，到第二次世界大战结束，到现在，国内外这种现象非常令人感慨，甚至于很悲痛，因此这一次我们要讲"反思"。

我经常告诉一般国外回来的同学，你们叫"海归"的这些朋友，我说，自己的文化要多了解，譬如研究经济学、研究企业发展，有个前提，我们中国文化几千年来是不用"经济"这个翻译名称的，这个名称是人家的二手货。西方文化先到日本，日本人用中文在日本翻译成"经济"，可是日本本土不大用这个哦！现在用不用我不知道，你看日本讲经济叫"产经"，产业的经营。

中文"经济"两个字的观念很大很大，是大政治，是"经纶天下，济世救人"，这个叫"经济"。我常常说我们中国人有一副对子，很有意思的，"文章西汉双司马，经济南阳一卧龙”。这是我们小时候到处看到的，讲文章推崇西汉两个人，一个写《史记》的司马迁，一个是大文学家司马相如，司马相如跟卓文君的故事，大家都知道。至于经纶天下，济世救人，我们历史推崇诸葛亮，所以说“经济南阳一卧龙”，就是诸葛亮够得上。

现在研究经济，刚才提到“几多归鸟尽迷巢”，我觉得我们整个的国家、人民，包括诸位，都迷巢了，归路不知道了。我们现在所讲的经济学，都是第一次工业革命以后外国人的经济学。自己的经济学在哪里？同样是人，尤其我们有五千年的文化，没有经济学吗？可惜到现在我没看到有人在研究，大家没有反省。譬如现在我们经济学走的路线，包括我讲经济学这个名称的问题，都在跟着人家走。因为我是在野之身，同政治没有关系，只是顺便看看。我们在政策上这些做法，都没有反观自己的文化。其实今天国际上一切政治的发展，我们中国原来都有，只不过没有那么细密。

“三礼”与文化

中国文化有部书叫“三礼”，大家都知道，这个“三礼”不是光讲行礼、客气的。“三礼”是三部书，一部是《周礼》，记载周朝统一天下以后所建立的一个政治体制。其实我们推翻清朝到现在只有九十六年，九十六年以前我们历代的体制，都没有跳出过《周礼》这个范围，当然中间有很多变化。它的体制里头就有经济，工商业都有，不过很简单几个字。可是周朝的政权维持了八百年，我们现代人不懂，叫它“封建”。“封建”两个字有问题，因为中国的封建是分封建立诸侯，是联邦政府一样的，每个诸侯一省或一县，相传周朝一开始就分封八百、一千多个诸侯，一个县里的县长就是侯，地方分治，联邦的，中央统治。它的制度、经济为什么安定了八百年？你可以讲人口少、地方大，没有错，这是一个理由；可是，古今是一样的人，为什么周朝可以安定那么久？我们现在讲经济，讲商业，讲工商都没有反思，都没有去反思自己古老的历史经验。

我们现在先讲广义的，讲完了再把范围缩小。这些都是大题目，可以做三十个博士论文的题目了。这是讲《周礼》。另一部《仪礼》是社会制度，这个制度包括范围很多。还有《礼记》，内容包括很多风俗习惯、做人做事的学问等等。

一个星期以前，我们这里办了一个儿童田园教育活动，办了三个梯次，刚刚结束。所以昨天我还讲这个心情，刚刚一块石头放下来。每一次来了七八十个小孩，还不准家长在旁边陪，我给孩子们讲礼仪。这些孩子们十三四岁，能够读《资治通鉴》，能够背很多古文，而且我们请的外国老师十几个，美国、南非、新西兰、日本的，各地都有，还可以同步翻译。这些孩子从六岁到十三四岁，可以跟外国人对话。可是我们心里头负担很重，这样热的天气，一个孩子出了问题怎么办，他们在家里都是皇上啊！所以我叫这些孩子小祖宗，是中国未来的老祖宗，一个个都不能生病。还有给孩子们讲《礼记》，他们看了前面一段就会背了。可是我发现一个毛病，这个毛病同老师、家长有关系，我发现孩子学问好，书读多，傲慢了。这个很严重啊！本来我们十多年的推广不只是读经，大家都说我在推广读经，读古书，不是的，是中、英、算一起来（中英文经典、珠心算）。最后我跟小祖宗们讲，学问是学问，知识是知识，要学会文化。什么叫做礼？这是文化，第一不要傲慢，不要看不起人；第二你们每个人要学会谋生的技术，做个水电工，乃至做个劳动的建筑工人都可以。学问归学问，职业归职业，人品归人品，千万不要傲慢。还有孩子当场问我，他说书读那么多，可是有时候会忘记怎么办？我就告诉他，譬如你赚钱，赚来放在口袋不怕没有用，要用的时候摸出来就是了。他说那我懂了。

历史的重要性

现在我们回到“三礼”，“三礼”如果研究完，再加上《逸周书》、《管子》等等，就基本晓得中国过去的政治经济社会制度，乃至做人做事。可是这一切体制经验我们已经忘了。假使没有忘记的话，自己晓得有几千年文化，这些东西拿出来，根据历史的经验，配合现在接受西方的经济学、工商管理等等，那就很了不起、很伟大了。可是，我们“几多归鸟尽迷巢”啊！找不到自己的路子走，这是一点。

第二，我们有五千年历史，譬如我们经常提到二十六史。全世界的民族，保存自己国家民族的历史最完整的只有中国人。譬如印度，历史都没有了，靠十七世纪以后的外国人帮他们整理。印度这样大的国家，这样大的民族，这样深厚的文化，就是没有历史。你们不能拿美国来讲，我在美国的时候给他们讲笑话——你们的历史两百多年，我们有五千年，我说你们要给我们做文化的学生，做徒孙我都不要。讲科技的话，我们叫你师父还可以。

我们小的时候是讲二十五史，加上清朝三百年的历史是二十六史，如果再加我们这一百年，就是二十七史。任何一个国民，如果自己不懂历史，就不要谈文化了，因为新旧的观点无法对照。所以我也常提这个话——“观今宜鉴古，无古不成今”——我们要想了解现在，了解未来，必须读历史，回头去看过去的经验。没有古代哪有现代？没有父母哪有儿女呢？没有祖先哪有我们呢？可是，我们现在迷了路。

发展企业要研究管仲

张院长要我来讨论“新旧文化的企业家反思”，你们诸位有没有反思我不知道，张院长逼着我反思了。大家要做企业家，就要研究历史的经验。举个例子，姜太公如何把周朝建立八百年，而且他封在齐国，现在所谓胶东，那时是最落后、最贫穷的地方，他八九十岁快要一百岁了，到这个地方来做诸侯，怎么把一个国家变成那么富有？我也常告诉人，现在讲经济就谈到香港、上海，我说上海过去了，未来的港口繁荣在舟山、洋山那一带了。中国文化经济商业的中心，春秋战国时是在齐国的临淄，现在山东淄博，比现在的上海、纽约还热闹哦！唐朝的时候在扬州，所以你们看唐人的诗句“腰缠十万贯，骑鹤上扬州”，唐朝经济的中心在扬州。宋朝就不是了，宋朝的经济中心在漳州、泉州。上海发达到现在最多一百年，以前是小镇，原来归吴淞道管的。今天经济中心是上海，未来就不是上海了。这是经济商业的必然趋势，也是历史。

再回过来讲管仲的资料。在那个时候的临淄，管仲辅佐春秋战国最了不起的一个霸主齐桓公，管仲政策的一个关键，就是发展经济。

这里我要插过来，谈到西方的文化思想，十七世纪以后认为解决一个国家乃至人类的问题，非靠经济不可，以经济来解决政治。中国几千年文化刚好相反，经济摆在第二位，有好的政治，经济自然会好。

我们要真的研究工商企业的发展，要好好去研究管仲。管仲的历史故事很多，我提醒大家注意他的两句名言——“仓廪实而知礼节，衣食足而知荣辱”，认为经济非常重要，一个国家社会经济不发展，人民不富有，文化就谈不上。这两句名言的内容很多，大家都知道这个名言，可是大家忘记管仲提倡的是什么？不是经济领先，而是政治文化领先。“仓廪实、衣食足”只是手段，好的政治可以自然达到仓廪实、衣食足。再譬如他的名言——“礼义廉耻，国之四维”，所谓四维，譬如房子的四个栋梁；“四维不张，国乃灭亡”，这四个柱子没有搭好，文化没有建立好，国家很危险了。礼、义、廉、耻这四个内容太大了！你们做工商业发展，管仲也是做工商业出身的啊。

管鲍之交与做领袖的条件

我们晓得历史上有名的故事“管鲍之交”，管仲跟鲍叔牙两个好朋友，知己之交。你要注意，一个人活在世界上，人生得一知己很难。譬如说父子、兄弟、夫妻关系，那只是这个关系；是不是我的知己，或了解自己的人？不一定。所以古人有句俗话：“人生得一知己，死而无憾。”历史上讲知己朋友，常提到管仲跟鲍叔牙，这个故事我想你们知道，不过我稍稍补充一下。

管仲跟鲍叔牙年轻时一起做生意，鲍叔牙有钱，管仲没有钱，鲍叔牙出钱，管仲来做。分账时，管仲自己拿的多，分给鲍叔牙很少，鲍叔牙没有怨言。人家告诉他这个管仲乱来，是个流氓，你怎么听他的呢？你看每样都占你便宜。鲍叔牙说他比我穷嘛！没有关系。

后来他们各辅佐一个王子，国家乱了，两个王子往两边跑。管仲帮公子纠，鲍叔牙帮公子小白（就是后来的齐桓公），这个公子小白也是个小流氓。后来两个王子为了回国接政权发生了战争，结果管仲他们失败了，被抓起来。后来齐桓公上台，鲍叔牙说要使我们国家强起来，非找管仲不可。齐桓公说：他在作战的时候差一点打死我啊，他一箭射过来，刚好射到带钩（皮带前面铜圈），我没有死。这个家伙！我恨不得杀了他。鲍叔牙说，你错了，作战在战场上“各为其主”，你要治国家天下非找他不可。齐桓公这个人很特别，度量非常大，所以就把管仲弄回来了。因此人生要想成功，度量要大。后来管仲帮齐桓公“一匡天下，九合诸侯”，这个内容我不跟你们介绍了。他统一了整个中国，拥护中央政府，自己挟天子以令诸侯。

那么，齐桓公把管仲接回来时，齐桓公问他，我这个人好色，喜欢女人，我可以做领袖吗？管仲说没有关系，你不要跟我说私人的问题。齐桓公说我还好货，很爱钱，也喜欢玩古董字画等等东西。管仲说没有关系。他又说我好吃，齐桓公出名的好吃，他开玩笑说天下异味我皆尝尽，天下好吃的东西我都吃过，唯一没有吃过人肉。最爱拍马屁的易牙听见了，到了晚上一盘肉拿出来，齐桓公吃得非常有味道，问易牙："这是什么肉啊？""人肉，你说没有吃过人肉。""你乱来，哪里来的人肉？"易牙说我杀了我的儿子。这个在历史上都是非常有名的，管仲在的时候他不敢乱来，可是拍马屁拍到这个程度。所以齐桓公说自己好吃、好色、贪钱财、还好玩——高尔夫球啊、骑马啊、打牌啊，一切乱玩，管仲说没有关系。

齐桓公一听，做领袖这些都没有关系啊！我可以吗？管仲说，绝对可以。那么做领袖有什么条件？管仲说，两个条件：反应得快，决定得快。你可以。齐桓公一听，这一点我倒会哦！做事反应非常快，决定非常快。管仲说，你讲的这四样，个人的行为乱七八糟，这个不要谈，可是真领导一个事业，要反应得快、决定得快才可以。那么齐桓公一听，好了，一切拜托你了。所以齐桓公称管仲为“仲父”，跟叫老大哥或干爹一样，一切拜托你了，自己什么都不管。

那么，他帮助齐桓公“一匡天下，九合诸侯”。到了管仲要死的时候，齐桓公问他，谁接你的位置做宰相啊？鲍叔牙好不好？管仲说：不行。你看两个人那么好的知己，那么好的朋友，他这一辈子用鲍叔牙的钱，吃他的，用他的，最后自己要死了，国家总理这个位置，齐桓公说给他，管仲说不行，这是什么知己啊！那么，齐桓公问为什么？管仲说，鲍叔牙是个正人君子，对于坏人坏事，他心里容纳不下，对于坏人坏事容纳不下，不能做宰相啊！宰相肚里好撑船，他这个度量是绝对不可以的，会害了他。鲍叔牙因此更感激管仲，他是不能干这个的。

我刚才啰唆了半天，浪费了多少时间，就是解释一句话“人生得一知己，死而无憾”。那么这个还不是主题，我绕了一大圈，叫你研究企业家，研究中国经济的发展，国家的经济，社会的经济，乃至建立国家的体制，乃至你们企业家的做法，你要研究《管子》。

我们先休息一下。

第二堂

管仲相齐

吕不韦相秦

春秋大义

文景之治

发展的虚实

司马迁与《史记》

管仲相齐

南师：刚才我们提到经济、企业等等，及反思自己的历史经验，叫大家注意管仲，为什么在春秋战国这个阶段，齐国政治的成就、经济的发展等等那么成功？当然，《管子》这本书也是很难懂的古文，中国自己许多思想，许多的历史经验，在古文的书本上都有。因为我们现在学白话，学简体字，所以，自己的宝库没有钥匙打不开了，非常可惜。但大家只要花一两个月的时间，努力一下，都可以做到的。

譬如刚才提到《管子》，《管子》的经济发展、社会政治的成功、文化的建立，我重复一下他重要的名言“仓廪实而知礼节，衣食足而知荣辱”，以及对国家社会乃至个人最重要的四个字“礼义廉耻”，四个方向。你要知道，这个不是孔子的思想，孔子是他的后辈哦！孔子非常佩服管仲，所以孔子在《论语》上说，我们的国家，以前要是没有管仲，我们后代就都变成野蛮人了，因为文化的建立是管仲。研究管仲要注意“礼义廉耻”，国家的四维，“四维不张，国乃灭亡”，文化没有，国家就没有了。我们现在是偏重经济同工商企业的发展。

我随便抽一点资料来讲，你看管仲死了以后，春秋到战国历史的变乱，为什么叫春秋战国呢？因为各个联邦的国家都在乱，彼此都在兼并，像你们今天的工商界一样，大公司吃小公司，有办法的就把人家兼并了。这么一个乱的时代，维持了两三百年的时间，中央的政权还是周朝。我常常说，你们要了解，今天国际的情形就是一个春秋战国的放大，这是真的，你们都了解了以后，就懂得中东美国是怎么一个情形，完全是春秋战国的放大。以我读古书出身，也接触了西方的文化，我自己也出过国，几十年来始终认为，现在的世界就是春秋战国的放大，这个前途可想而知。

管仲治理的齐国非常富有，管仲以后，到了

战国时期，这时秦始皇还没有统一中国。刚才发的资料第一页，讲齐国的富有到什么程度呢？这是苏秦游说齐宣王连合抗秦这个阶段，是苏秦眼睛看到的临淄。这时管仲建立的文化财经的军国体制，已有三百多年了。

“临淄甚富而实，其民无不吹竽鼓瑟，击筑弹琴，斗鸡走犬，六博蹹踘者，临淄之途，车毂击，人肩摩，连衽成帷，举袂成幕，挥汗成雨，家敦而富，志高而扬。”

这段形容当年临淄的富有。这个文章古文很简单，拿现在白话来写，引用这几句就有厚厚的一本了。苏秦所看到的齐国首都临淄富有极了，老百姓就是玩，等于每天高尔夫球啊、摇滚乐啊、卡拉 OK 啊，什么三陪五陪都来了。“吹竽鼓瑟，击筑弹琴”，就是玩乐；“斗鸡走犬”，斗鸡斗狗，就是干这种事情；“六博蹹踘”，就是赌博、踢球。尤其过去，像民国初年的交际应酬就是打麻将，在妓女馆青楼里面。现在就是高尔夫球等等，都是一样。你看“临淄之途”，你们的首都里头，马路上面，“车毂击，人肩摩”，等于现在名牌的车子连起来的，车如流水马如龙，街上人都挤不过来，走不通；“连衽成帷”，大家的衣服，女性的裙子一拉，把太阳都可以遮住；“举袂成幕”，他说手袖这么一拉，前面都看不见了；“挥汗成雨”，街上人太多了，汗水甩起来像下雨一样；“家敦而富”，每家都非常殷实富有；“志高而扬”，如同我们现在的工商界，社会发展了以后，你们志高而扬，不过呢，现在一般企业家虽然志高而扬，心里头是虚的，“几多归鸟尽迷巢”啊！

这是苏秦当年看到的齐国首都经济发展的情形。下面的文章我不讲了，因为与今天的题目不相干。苏秦说依你这样富强的国家，东方的强国，还怕西北的秦国吗？你还向他靠拢，向他拍马屁，真是太耻辱了。这一篇是苏秦说齐国。

前几十年有人拿基辛格与苏秦、张仪相比，我说那差太远了，还够不上。苏秦、张仪这两个穷书生，在春秋战国时，一毛钱都没有，而使全国安定三十年，身佩六国相印，等于说美国、英国的总理都是他。

再翻过来第二页，这里讲的又不同了，《战国策》这一段是引用韩国的历史。那时的韩国是今天山西、河南的大部分。“臣闻一里之厚，而动千里之权者，地利也”，他说你韩国因为占了地利，同齐国不同。齐国等于今天的美国一样，太富有了。“万人之众而破三军者，不意也”，他说不是你真的可以在国际上站得住，你是出其不意，偶然打了胜仗，不算数。

那么，刚才开始讲到现在，讲经济的宏观，同工商界企业的宏观，必须要读书，第一是研究管仲；第二，要研究吕不韦。

吕不韦相秦

说秦始皇统一中国，到现在一般学者都是那么讲，可是你们没有搞通历史，因为统一中国是吕不韦帮秦始皇办到的。秦始皇的宰相是李斯，是儒家荀子的学生，他的话秦始皇不过听听而已。为什么秦国能够统一中国？是用吕不韦的商业头脑把六国统一了。虽然还有很多的原因，法治、经济、政治、军事、科学都在内。

吕不韦还有著作，虽然不是他写的，是他请很多宾客写的《吕氏春秋》。这部书包括了儒、道、墨、法、兵、农、纵横、阴阳家等各家思想，是杂家。著作完成时，吕不韦把它在秦国公布，他说有人能增减一个字，奖赏千金。结果没人说不对，当然有一点是政治的害怕。这套书留传下来，书的内容我们不谈，这个学问也很大。你们要研究，一个商人，怎么样用商业的头脑，帮忙国家在国际上强大。

秦国统一以后，这个制度到现在，用了两千多年了。他建立了一个统一的国家，废除了诸侯，建立了三级制度，由中央政府到省、县三级制度，这个体制一直沿用到清朝。偶然在社会变乱的时候，中间加一个，譬如元朝加一个"道"，这是临时用的，它还是三级制。我常常说，清朝是孤儿寡妇带几百万人入关，统治了四万万的中国人，由政府到地方三级制，所有公务员不到两三万人。我不谈政治，但这些都是与今天的话题有关的，所以我抽出这些资料，要大家注意一下。

春秋大义

回到我们的老话，我们中国文化认为，经济的发展，工商业的发展，是靠政治来解决的。西方的观点，认为是靠经济、工商业来解决政治问题。这两个是矛盾的，究竟哪一条路线是对的？到现在还是“几多归鸟尽迷巢”的阶段。希望大家注意，因为诸位都是了不起的企业家，也都是学问家，这个观点希望注意一下。

其次还有第二个重点，譬如说秦始皇统一了中国，这个统一的政体一直维持了两千多年到现在，这不能说是秦始皇的功劳，这是中国文化的一个体制，我认为也是吕不韦商业思想的延伸。可是吕不韦最后怎么死的呢？秦始皇写一封信给他，逼他死，他就自杀了。这是非常有意思的事情，但不属于本题的范围，我们不讲。

秦朝以后汉朝建立，我们研究经济同工商业的发展要注意了。大家都晓得汉朝的“文景之治”，汉文帝同他的儿子汉景帝的时代，汉文帝起来以后，是用“黄老之治”，这是一般历史学家习惯的讲法，他的政治思想不用儒家的孔孟之道，而是用老子、庄子道家的学说，那么在这个时候他们是怎么用的呢？要研究了，我只提个线索。

刚才提过，春秋战国一直到秦始皇，我们的国家内战，变乱两三百年，所以孔子著《春秋》这一部历史，记录二三百年当中社会、政治、经济、军事、教育等等变化的现象，这个叫《春秋》。我们常常听人家讲什么儒家的思想，孔孟的思想，中国文化儒家的精神。我就要问了，什么是儒家的精神啊？什么是中国文化啊？你简单地告诉我一句两句。都讲不出来，都乱扯一通。

什么是孔子的思想？孔子自己讲的，他的重点、他的学问是在《春秋》。《春秋》是一部历史。孔子自己讲“知我者《春秋》，罪我者《春秋》”，后世的人了解我，晓得文化精神的目的，知道我毕生的心力用在《春秋》这部书上。如果有人骂我，应该也是由《春秋》这本书来的，“知我者《春秋》，罪我者《春秋》”。

历史为什么叫“春秋”呢？这同中国的文

化有关了，中国的文化最初在世界上领先的是天文与数学。你研究人类史、世界史，我们上古的数学、天文是最发达的。研究了中国的天文学，就知道孔子著书为什么把历史叫“春秋”了。譬如现在是夏天，今天我们坐在这里，因为开了冷气舒服一点，外面热得很，三伏天是最热的时候。冬天最冷。春是清明前后二三月，秋是秋天八月十五前后，气候最平衡的，温和的，不冷也不热。夜里同白天时间是对等，像我们现在是白天时间很长，夜里短。夏至一阴生以后，白天慢慢缩短了，夜里慢慢增长了，到了冬至一阳生又反过来，除了春秋二季，都是不平衡的。春秋两季是平衡的，所以历史叫“春秋”，是这个意思。

孔子著《春秋》是反映这一个历史的公平精神。这些人做生意也好，做皇帝也好，做普通人也好，做好事，做坏事，在历史的公论中，是给你一个公平的论断。

王安石就讲不喜欢读《春秋》，这是一部滥账本。这个话也有道理，我们读历史，历史就是滥账，一堆滥账，能够做到公平的很少。

文景之治

我们现在回过来说，历史上记录“文景之治”是用道家的精神来做事，这个时候由秦国到汉朝，天下也很乱，整个的社会在变动。汉朝建立的初期也很穷哦，社会并不富有。研究汉代的历史，二十几岁的汉文帝，是汉高祖姨太太生的孩子，不是吕后不是大太太生的，在中国传统观念上，是被人家看不起的。所以我们读历史很佩服汉文帝，他上台做皇帝以后写了两封信就把中国的边疆平定了。一封是写给南方的南越王赵佗。赵佗是河北人，统治长江以南的广东、广西、湖南、江西、云南、贵州等半个中国了。汉文帝是刘邦的儿子，赵佗是与刘邦同时起来革命的人——拿现在的话叫革命，老话是打天下——他已在整军要北伐，准备统一中国了。汉文帝写了一封信给他，他就不敢动了。所以我讲汉文帝两封信就把中国平定了，另一封是给北方的匈奴。

他写给南越王赵佗的第一句话是“皇帝谨问南越王甚苦心劳意，朕高皇帝侧室之子……”内容我们不讲了。他是个皇帝，中国的主人、老板，写这一封信，等于很客气地讲，赵伯伯，我算什么，我不过是刘邦小老婆的儿子而已。这一句话就把对方打垮了。赵佗一看，刘邦有这样的儿子，那不得了，这个谦虚到了极点。然后他下面接着讲，现在中央出问题了，他们把我找来当皇帝，我年纪又轻，什么都不懂。你是老前辈，你的家小，你的亲属还在河北，有一部分在山西，我通通叫人照顾好了，那么，国内的军事怎么布局，请你指教。赵佗准备起来做皇帝，半个中国在手上了，看了这一封信，马上回一封信给他，跟他一样客气，“蛮夷大长老臣佗……”他说南方没有文化，自己只是蛮夷的大酋长，以前的一切都不谈了，过去大家的错误都不要讲了。

我们现在不是讲政治，重点是讲“文景之治”的几十年当中，把中国那么贫穷的社会、政权如何安定下来，使工商经济发达。历史上只记录他“节俭”两个字。这两个字，我们真正读书，不要随便看过去哦！以前我也做生意，当困难的时候，朋友来告诉我不要浪费，这些我当然懂，我有钱时，要慢一点花，少一点花，叫做不要浪费。可那时候我根本一毛钱都没有，怎么叫不浪费啊！节俭也是这个道理，经济发展到一个阶段，个人也好，国家也好，要节制，不是说到处去弄钱来扩张，尽量地膨胀。这都是问题，问题的最后是“几多归鸟尽迷巢”，找不到路了。这是讲到“文景之治”而引起的问题。

所以我们研究那个时候的经营发展，把这些历史资料找出来，拿现在来对照，有很多有用的东西，不要光看从外国翻译过来的经济学啊、什么工商发展啊，那是适合他们用的，到我们这里不一定用得上。等于我常比方，我们吃米面惯了的胃口，换吃牛排汉堡，有时候肠胃就不对了，这是同样的道理。所以“文景之治”用道家的思想，以节俭为主，这个是经济大问题了，我现在资料一下子来不及给你都找出来。

发展的虚实

因此我们回过来看，改革开放到现在二十几年，从我所看到的就发现了很多的问题。我也常常告诉大家，几十年以前，当我们这个社会国家经济是一穷二白的时候，那个时候我在台湾，尤其在大陆叫什么几年荒乱，我都记不得了，只晓得可怜得不得了，那个时候的情形你们也许还知道一点，猪油都没有。我们在海外，或在台湾、在香港，寄一罐猪油到内地来，不得了了，很感谢了。像我们在台湾，都有亲属在大陆，然后把旧的衣服洗好，烫平寄回来，他们都非常高兴。不到两三年，旧衣服不行了，要买新衣服寄了。再不到两三年，也不行了，要买脚踏车啊、冰箱啊，所谓的“三大件”。三大件以后不到几年，慢慢有些朋友来送个金戒指、金链子不得了了。再不到几年，那个几克拉的钻石戒指都看不起了。这是到现在二十多年的发展。

这个发展你们认为很好，这个里头究竟虚的实的，大家有没有研究？这是一个大问题，所以我们要反省检讨。现在都是讲大的这一方面，大概提一下，我提一下的目的是要诸位回去多花一点时间读历史，很多的历史经验都是值得给大家做参考的。

司马迁与《史记》

第二个重点：我现在抽出来司马迁《史记》上的《货殖列传》，不是全篇。诸位千万注意《货殖列传》这一篇，你们到街上都可以买得到，《古文观止》里头有。另外一份资料也是《货殖列传》，是另一本书上的，叫《史记菁华录》。可是我给大家介绍的这两个都还不全，都还不是司马迁的原本《货殖列传》。我先把资料发给大家，我们大概做个研究，我想对大家很有帮助。

中国第一部最重要的历史是孔子写的《春秋》。第二部就是司马迁写的《史记》。《史记》是新的创作，后面都是跟着这个来的。一般人《史记》是没有读过几篇的，全部把《史记》研究完的，正式学历史的恐怕也没有几个人。此外就算把《史记》全部读完了，司马迁的思想、司马迁的精神也很难弄懂，这个要特别注意。所以我常常告诉大家，司马迁写历史，你们叫他历史学家，错了，他不是历史学家，他是个历史哲学家，他是历史文化的一个大导师，他有很好的观点。司马迁的思想是什么呢？重点是集成中国老庄道家文化的观点来的。这是先介绍一下司马迁。

我想你们诸位老板发了财，都不爱读书了，要多读一点书，因为读书有一点用处，比打高尔夫球啊、比卡拉 OK 好一点。

这篇《货殖列传》是关于经济、工商业的发展。中国传统的文化，儒家、道家都看不起工商业，看不起做生意的，只有司马迁不同，他提出来工商业的事。“货殖”，你说为什么不叫“经济”呢？刚才我开头就讲“经济”这个概念翻译得不对，他讲“货殖”，“货”代表一切的物资，也包括今天的资本；“殖”是生利息，繁殖起来，等于种树一样，它会生长。

司马迁著《史记》非常大胆，古人看不起

商业，他却提出来。司马迁不只这样，司马迁的《史记》还写了《游侠列传》，黑社会是大家看不起的，他却特别提出来侠义道的重要，是黑社会值得注意的一面。还有做官的《循吏列传》、《酷吏列传》，他把好官和坏官很明显地分开，规规矩矩地把他们记下来，一点都不能逃过这个历史。

所以刚才我们提到“文章西汉双司马”，一个就是司马迁，文学、历史他样样都很高明。但是他本身遭遇到最痛苦的事，受了腐刑，变成不男不女了。原因是李陵投降了匈奴，他说李陵没有罪，他在战场上尽了力量了，投降是不得已的，因此跟汉武帝闹翻了。当然汉武帝非常气愤，处司马迁以腐刑，他心里很埋怨。

他写《史记》，对汉武帝也好，对汉武帝的祖先也好，一点都不客气。汉武帝在世的时候看到了司马迁的《史记》，可是很奇怪的，汉武帝有很大的度量，包容了。譬如司马迁写的《史记》的创作，皇帝叫做“本纪”；皇帝以下宰相、诸侯叫做“世家”，譬如《孔子世家》、《萧何世家》；一般的叫“列传”。可是他写刘邦是“本纪”，同时写项羽也是“本纪”。这两个同时抢天下，项羽是一个失败的英雄，假使项羽成功了，不叫做汉朝，也许叫做“楚”了。刘邦成功了，所以刘邦做皇帝，刘邦的传记他叫“本纪”，项羽也叫“本纪”，这是司马迁的特别。司马迁以后的历史学家，都不及他，对皇帝都是害怕的。司马迁写的这个书，汉武帝是看到的。甚至于写他的祖宗，写刘邦年轻的时候乱喝酒，会骗人，一塌糊涂，都是真的。司马迁一点也没有保留，都清清楚楚写出来了。

如果看《史记》只当小说看，不当真正的学问看，那你就不懂《史记》了。譬如我抽出来《货殖列传》这一篇贡献诸位，刚才我讲了，我没有抽原《史记》的，原《史记》上的《货殖列传》还要更多，我想简化一点，只抽要点。先抽《古文观止》里的，这里头够你们吸收的了，营养很多。然后书架上随便一抽，抽出《史记菁华录》里的这篇。全部《史记》的东西太多，还是利用这两篇给大家做研究。

时间到了，我们先休息一下，吃过饭再讨论。

第 三 堂

一穷二白的发展经验

《盐铁论》：先经济还是先文化

读《史记》的窍门

政治哲学

史官的品格

六经皆史也

骄奢淫逸的风气

经济、政治的教育原则

谁够得上儒商

一穷二白的发展经验

南师：我们晚饭以前讲到，大家研究经济，发展工商，希望能够回过来借用自己的历史经验，更要看清楚，我们这个国家民族存在五千年，不是容易的事。经过的变乱，像我们所谓“一穷二白”这个情形，过去有很多的经验，究竟怎么样发展起来的？譬如我们刚才讲到汉文帝的时候，大家都知道“文景之治”是靠“休养生息”这四个字。历史上记载很简单，可是我们读书不要轻易把它看过去了，这四个字都认得，休息、培养、发展生产、繁殖，所以历史上记载汉文帝上来“休养生息”四个字就解决问题了。古文同白话文不同，现在这四个字引申起来就是那么厚一本书了。

我们晓得，春秋战国下来，几百年的诸侯战乱，到秦始皇二三十年把国家统一了，把秦始皇以前几千年的体制改变，成了一统江山，废除封建制，没有诸侯的分封，地方不能自治，通通归中央统一的领导，变成中央、郡、县三级制。古代的郡就是现在的省。所以，汉代的时候太守二千石，就是省长的待遇是二千石的实物发给，就是米粮，因为那时是农业经济社会。郡以下就是县了。

汉文帝接手的时候，“休养生息”，不打仗了。其实，那时汉朝的天下很苦，钱没有，社会贫穷，一穷二白，天下变乱，文化没有建立。我们现在经常讲文化教育，其实秦始皇以后，是到了汉武帝时才开始恢复中华文化的，离秦始皇已经八十多年了。

比如我们现在，旧的文化推翻了，推翻清朝到现在九十六年，现在大家都讲文化，文化是个什么东西啊？你看历史上很明显的一个例子，汉文帝起来的时候还管不到文化教育，他有一个最大的敌人，北方的匈奴。所以他一直要发展经济，发展工商业，节俭，以充实国家的军费，留给孙子汉武帝出兵。这是很痛苦的。

到汉武帝的时候经济还是不够的，打仗也要钱，尤其那个时候匈奴侵略过来，赶不出去啊！那个时候重要的是骑兵，骑兵重要的是马，中国人不太养马，要凑钱买马，所以，读这些历史就懂了武器的重要。但是，中国人制造的铁兵器容易断，炼铁技术不够，到汉武帝的时候没有办法了，所以叫张骞出使到外国偷学这个技术。

《盐铁论》：先经济还是先文化

汉武帝要用兵，这个时候不同了，是刘邦以后八十多年了，要发展经济，扩充国力，建立文化，很大一个任务。因此，这个时期经济思想有一个争论，记录在很有名的一本书叫《盐铁论》里。《盐铁论》这本书论辩很多，是发展文化第一还是生产经济第一，就是说应该注重钱还是文化教育，这个论辩很厉害。当我们有《盐铁论》的时候，西方欧美的什么《富国论》经济思想，一点影子都没有，谈不上。可是我们汉朝的时候已经在讨论了，是政治与经济发展重要，还是其他的重要，也就是儒家思想、道德人伦重要，还是钞票重要。你们现在满脑子都是钞票、股票、期货，就是这一套，这一套很容易迷糊自己。

那么我们回过来，司马迁写这一篇《货殖列传》的时候，《盐铁论》的讨论有所反映，发展经济，发展工商，对我们一个国家民族的前途，它的利弊好坏究竟怎么样，这是个大问题。现在我们的发展，依我的观点看来，也有些迷糊了，所以说“几多归鸟尽迷巢”。

读《史记》的窍门

刚才吃饭以前，我已经向大家报告了，我所引用的两份资料都不是完整的，你们诸位做研究，最好把《史记》全部的《货殖列传》读完。司马迁的《史记》很难懂，并不是他的文字难懂。譬如他要骂某某人，在他传记上讲他好的一面，坏的一面不在他的传记上写，而是写在相关人的传记上，所以他的书很难懂。因此，司马迁完成《史记》的时候，很傲慢地说“藏诸名山，传之其人”。好像说他的《史记》没有人懂，只好把它放到山里头，挖个洞把它埋起来，“传之其人”，将来会有人懂。实际上你看他骂人很有技巧，他说你们这一代人都是笨蛋，都看不懂，你们这一些人没有希望了，不要你们看，后面的人会看懂，叫“藏诸名山，传之其人”。

所以我告诉你们诸位老板，读书首先要读《货殖列传》。我们这里有一个老同学，李博士，当年在大学里是学物理的，他常跟我提起，说当年到我这里是要修行的，结果我叫他读《货殖列传》，他慢慢就走上工商业这条路，因为这篇文章对他影响很深。当然，他同时也在研究身心修养。

我现在是陪你们诸位读书，我读古书的习惯跟你们不同，像你们在座诸位，每个人一看好像就懂了。一问你，读过啊！懂了吗？懂了。在我读古书的经验，你们读书像水面上那一层油，油面以下的深度都不知道了。古文有很多内涵在里头。你看他写书的时候距离我们两千多年了，但如果你把他读懂了，就会发现同现在的思想，同国外来的经济思想、理论、商业观念，很多是相同的。

政治哲学

我们现在看他的原文。对不起啊，你们难得有一天坐在家里看书，现代人都很少回到书房读书。这一点我告诉你，我们小时候看到，中国古代读书人，不管地位，官做多大，差不多有时间就回到书房的。你们看唱京戏的就看到了，那个男的回来，太太出来迎接，“老爷请!”“夫人请!”走开了，先回到书房，不是回到卧房，不是先回去抱太太。回来好像不先进书房转一下，那是没得文化的。我们小时候还亲眼看到的，不像现在，下班以后就出去应酬了，打球啊、吃饭啊。我说现在的人，老板们一天吃饭吃六七个钟头，没有几个钟头办事的，三餐饭的应酬，打高尔夫球，每天都是这样。

“老子曰：至治之极，邻国相望，鸡犬之声相闻，民各甘其食，美其服，安其俗，乐其业”，这是重点了，我们讲政治哲学，政治好的时候，在中国文化是“安居乐业”四个字。老百姓每个人平安活着，安居；乐业很难，那是要人人对前途没有茫然，一个职业可以永恒地传下来。

“至老死不相往来，必用此为务”，司马迁是主张黄老的道家政治，所谓“无为之治”，等于现在讲的真正的自由民主，不是西方鼓吹的那种自由民主。他说道家所指的上古那个时候是这样。

“挽近世涂民耳目，则几无行矣”，司马迁感慨，我们现在中国的文化，道家推崇的社会看不见啊！“涂民耳目”，把大家的眼睛蒙住了，“则几无行矣”，没有达到上古那个政治理想。

他的文章《货殖列传》，引用的是道家的思想。这一段他先插了一个标杆。我顺便告诉大家，他写文章不是拿来就写，而是先把目标插在那里。这两句话，现在算不定国文老师要你划掉，不要了，因为跟这个题目不相干嘛！不是不相干，而是标杆，先插在这里。

史官的品格

“太史公曰”，太史公是史官，司马迁的父

亲也是太史公，“太史公曰”，就是史官的评论，让你搞不清是他父亲的话还是他的话，其实就是司马迁自己的评论。古代做皇帝有两个重要的史官，“左史记言，右史记行”。真正好的时代，皇帝旁边两个太史官不是秘书长，也不是秘书，也像秘书。他又管天文又管气象，同时管记录皇帝的言行。“左史记言”，皇帝你今天讲了一句什么话，错误的也给你记下来。“右史记行”，你今天做了什么事，记下来。以前的史官很厉害的，随时记录，这是中国文化的特点，皇帝旁边有史官随时记录皇帝的言行。

我们历史上好几个史官，皇帝叫他不要记这个，不行！那是我的职责所在。在春秋战国（《左传·鲁襄公二十五年》）的齐国史官记载，“崔杼弑其君”，崔杼让史官不要记，史官不肯，坚持要记，他说我是史官，对不对都要记，要杀就杀。结果被杀。史官的弟弟继位，照样记，再杀。他的第二个弟弟又来继承史官，还要记，他就下不了手了。照样把他记下来，这是历史上有名的。司马迁的职业是太史公，管历史的，也管天文。他父亲管这个，他也管这个。他写文章有个巧，自己要骂人，没有说我要骂人，他说史官讲的，或者我听爸爸讲的，其实都是他自己要讲。

六经皆史也

“夫神农以前，吾不知已。至若诗书所述，虞夏以来”，这几句话我们先停一下，上古的历史文化，神农距离司马迁一二千年了，上古由神农到轩辕黄帝，由黄帝、尧、舜、禹、殷商到周朝这一段，他说“吾不知已”，我的历史资料不够。

“至若诗书所述”，《诗经》、《书经》都是历史，我们诸位注意啊！什么是中国文化？是四书五经吗？什么是四书五经呢？古人一句话——“六经皆史也”，包括《诗经》、《礼记》、《书经》、《易经》、《乐经》、《春秋》，包括《大学》、《中庸》、《论语》、《孟子》等等，通通是历史。这是读中国书要注意的，我补充这一句。

“至若诗书所述”，《诗经》、《礼记》、《书经》、《易经》、《春秋》等五经传下来，记载“虞夏以来”，就是虞舜、夏禹以来。到了舜的时候，我们中国发了大水灾，大禹治好了水患，才建立农业立国的国家，我们现在说“华夏文化”是以夏禹为代表。

骄奢淫逸的风气

那么，下面我特别提醒大家注意。

“耳目欲极声色之好，口欲穷刍豢之味，身安逸乐而心夸矜势能之荣”，这个古文漂亮极了，我们以前读书不是这样读，你们现在没有看到过，叫念书，出声地朗读吟诵出来，回到书房里拿到书，每个文章有音韵，像唱歌——“耳目欲极……”（示范）这个叫读书，叫书声琅琅然，会读得很开心，记忆很深刻。像我小时候坐在书房里，我父亲悄悄从楼下上来，听到我在念书，不错，然后告诉我“三更灯火五更鸡，正是男儿立志时”，告诉我夜里不要贪睡觉。古文照你们这样一看，字都认得，不一定懂。司马迁这个古文是朗诵的，如有一个平仄不对就换了，而且内容很深。

他说我们的文化到夏朝以后“耳目欲极声色之好”，每个人欲望很大，眼睛要看好的东西——现在的电视机啊、什么东西啊——耳朵要听好听的音乐，嘴巴要吃好的东西——我们现在吃饭，好像每天过年一样，以前我们过年偶尔杀个猪啊，或者是好久好久才杀个鸡，不像现在这样享受。每个人都贪图“身安逸乐”，身体坐在那里动都不想动，都要人家来服侍，放逸，放松了，自己要享受，身体是这样。心里头呢？“夸矜势能之荣”，我是大老板，然后格老子我最大。“心夸”，自己爱吹。“矜”是骄傲。“势能”有钱就有势力，有地位就有能量，以这个为光荣。他说人贪图虚荣，所以大家读书每个字要读清楚。

“使俗之渐民久矣”，他说这个社会的风气变成这样奢侈、骄傲，不是一天来的，是慢慢变来的。

“虽户说以眇论，终不能化”，他说因此你到每家、每个人前面劝他，虽然你有钱了，发财了，但你要谦虚。这是没有用的啊！“终不能化”，教育不是这样，改变不了的。

经济、政治的教育原则

那么，下面讲一个政治的原则了。

“故善者因之，其次利道之，其次教诲之，其次整齐之，最下者与之争”，这几句话就是经济的、政治的教育原则，所以做领导人，做国家的领导人，“善者因之”，上等的就因势利导，像那个水流一样，流下来的时候你不能挡，你只好将就它那个力量，慢慢疏导出去。所以讲管理，你要按这个原则去做。“善者因之”，知道他的原因，“利道之”，使他转过来。

其次呢，差一等的就“利道之”，等于我们骑在驴子的背上，驴子不肯走，拿个竹竿，前面吊个红萝卜，驴子要吃红萝卜，永远向前面跑，这个是“利道之”，你用一个好的利益摆在前面，给他一个目标走，这是第二等。

第三等，教诲他，好像刚才我跟一个年轻朋友谈话，朋友年轻，也是做大事的。我说：你的公司怎么样？他说好像军事管理。我就笑了，现在讲管理军事化，越管理越不好，这是“教诲之”。

再其次“整齐之”，什么叫组织，搞组织？现在搞管理的都乱搞，依我看你的管理都不行，因为你管理不好自己，这样的管理要完了，“其次整齐之”。

最下等的政治、经济管理“与之争”，与民争利了，公家跟私人企业争利，或者上下争利，那就完了。

对不起啊！我现在是陪你们攻书，帮你们读书，读书的方法是这样，要朗诵，叫大家全体朗诵，叫做书声琅琅然。可是大家做不到。你们现在包括孩子的教育，只是看书。到现在我的习惯不肯用笔记，一听了就用脑子记。你们现在是笔记啊！要不然就是计算机啊！你计算机坏了，你就什么都不知道了。

谁够得上儒商

这一段我们大概介绍一下，如果把《史记》

整个拿出来，这里头的好东西很多很多。我们暂时换一个稿子，换《史记菁华录》这一篇，翻过来第二页。这个《史记菁华录》的编辑不同，都是抽要点。刚才我提到经济政治，工商的发展，姜太公、管仲、吕不韦等。像汉武帝的时候，两个商人左右了汉武帝的政治经济发展，一个叫桑弘羊，一个叫卜式，都是商人做官哦。《盐铁论》的争执就是这个时候，这些事情司马迁当然知道，因此他写《货殖列传》。

那么真正讲《货殖列传》，商人了不起，你们现在喜欢讲"儒商"，儒是读书人。你们诸位"儒商"，至少要去拿个学位，贴在那里要好看一点。真正的儒商历史上没有几个，一个是孔子的学生子贡，儒商的代表是他。第二个是范蠡。

《货殖列传》中，子贡没有写进来，司马迁对子贡很恭敬，另外写。子贡是儒商，子贡在孔子三千弟子里是做生意的，学问好，能外交，又有钱。孔子三千弟子里有土匪，有流氓，有做官的，各种各样的人都有。有钱的，书又读得好的是子贡，你们做儒商就要学他了。这个我们今天来不及讲，那是非常精彩的。

孔子死了以后的坟墓在山东曲阜，是子贡决定的。当时看风水选了一个地，子贡说不行，这块地不好，只能埋葬一个帝王，没有资格埋葬我们的老师，我们老师是万世师表。结果那一块地后来葬了汉高祖。子贡把孔子埋葬了以后，同学们都走开了，他一个人庐墓三年，自己盖一个小房子，在老师孔子的坟墓旁边守了三年才走。孔子在的时候，很多的事情，用的钱都是他在支持的。因为子贡会做生意，历史上给他四个字评语"亿则屡中"，这个"亿"不是说他钞票有多少亿哦！这个"亿"代表他的思想没有一件事情看不懂，"亿则屡中"，判断事情很正确。研究儒商子贡是非常精彩的，今天时间来不及，我们回过来再讲《货殖列传》。

这一段他提出来的是范蠡、陶朱公。不是全的哦！不过假使你们读《史记》，关于陶朱公的研究，你看了这一段认为懂了陶朱公，不行的哦！那是一小段！范蠡的一生，包括越王勾践，有关国际政治的，另外一篇传记。因为司马迁要写《货殖列传》，做生意发财，与经济有关的，所以，他引用了范蠡。我们读一下。

“范蠡既雪会稽之耻”，就是越王勾践把吴国打垮了这件事。“乃喟然叹曰：计然之策七，越用其五而得意，既已施于国，吾欲用之家”，这是范蠡成功了以后，自己感叹的话。范蠡跟谁学的？范蠡的老师叫计然子，道家的人。他说老师传给我的学问乃至方法等等，有七套本事，我只用了五套就拨乱反正，使越国起来称霸——用在政治经济上成功了。既然一个快要完了的国家，我可以用这个方法，用老师这一套学问把它扶起来，他说现在我留一点自己用用。他辅佐越王用了一半，另外一半他自己玩去了。不是去玩，是成功后离开越王，开始另一个人生局面。

这里面有人生的大道理，他帮助越王成功了，然后他要走时告诉文种，说离开吧，“越王为人长颈鸟喙，可与共患难，不可与共乐”。人生要认识一个老板，这个老板创业的时候，跟他做伙计蛮好，到成功的时候，完了，他不能做老板。所以讲越王勾践“可与共患难，不可与共乐”，因此讲“飞鸟尽，良弓藏。狡兔死，走狗烹”，非走不可，所以范蠡溜走了。那么司马迁写《货殖列传》，这一段不用在这里，所以我刚才告诉你，你要研究难了，还要到《史记》里其他地方去找资料出来才完整，现在只讲他做生意这一面。

“乃乘扁舟浮于江湖，变名易姓，适齐为鸱夷子皮，之陶，为朱公”，范蠡走了，地位不要，功名富贵一概不要。那么，历史上传说他带西施走了，我还说笑话，范蠡带着西施往哪里走？就在我们太湖那一道堤上，在那里上船走的。人家说：老师啊，你根据什么？我说根据我说的，这是说笑话。可是这里讲走得很轻松，一叶扁舟离开了，“变名易姓”，不叫范蠡了，自己姓名都不要了，到齐国他的名字外号叫“鸱夷子皮”，到山东陶这个地方叫“朱公”。

“朱公以为，陶，天下之中，诸侯四通，货物所交易也”，他开始做生意了。刚才我提到山东的临淄，在春秋战国的这个阶段等于现在的上海，是货物、交通、财政的中心。

“乃治产积居，与时逐而不责于人”，在这里做生意，开公司了。这一句话你们要注意，诸位都是领导，“与时逐”，跟着时代，观察这个时代的变化，不论做什么，或者是股票，或者是期货，或者是投资生产，看清时势、机会，“而不责于人”，对下面很宽大。换句话，如果搞错了，不要怨人家，自己负责任。所以，古文有时候一句话好几个解释，这是要了解的，也要学他的修养。

“故善治生者，能择人而任时”，注意！你们讲管理学，要发财，第一难是用人，所以，这里也提到“故善治生者”，做很好的生意，乃至做其他事业，“能择人而任时”，总要找到一个可信任的人才，选择人才以后，两个字“任时”，这一个人在某一个地区、某一个事情上可以干个三年五年，假使要另外发展，就不是他的能力了。读古书每一个地方你都要注意。

“十九年之中，三致千金，再分散与贫交疏昆弟，此所谓富好行其德者也”，这一段如果像我们读书，就要朗诵了，唱歌一样唱出来。文章是很美，声调也很好，他说他这样做“十九年之中，三致千金”，古代的“千金”就是几亿或者多少，这个价值很难比了。总之是很多很多，白手成家，三次成功，然后分散不要了。所以，我鼓励你们看韩国的《商道》，也是这个精神，一毛钱没有，结果做到红顶商人，最后自己死的时候，身上只剩下二十块钱，他走的是陶朱公这个路线。陶朱公十九年当中三聚三散，不是失败哦，而是自己到了最高峰，一手把它用掉。我常常说等于梁武帝“天下自我得之，自我失之”，我赚来的钱，我自己把它花光了，到另外一个地方再来。他自己有本领，看得很准，“三致千金，再分散与贫交疏昆弟”，每次都分给穷人，通通分散了。司马迁在这里提到，像他这样的做法，“此所谓富好行其德者也”。我常与一般同学们讲，我说你这个公司多少人？我们有几个同学，公司员工是好几万人，我说你要好好做，现在一个职员跟着你，五口之家靠他吃饭，你有一万人，就有五万人等你吃饭，你垮了，这五万人就业、吃饭都成问题。所以做生意，你不要认为只是做生意，而是在做一件好事，这样，你就学到一点陶朱公的精神了。

“后年衰老而听子孙，子孙修业而息之，遂至巨万。故言富者皆称陶朱公”，所以中国文化几千年以来，讲到富有就提到陶朱公。这篇文章不只提一个人哦，还有什么巴寡妇，巴寡妇是四川人，有铜矿。你看秦始皇那么了不起的人，与一个有钱的寡妇见面，四川那个时候到长安都是走路，秦始皇为她修了一条马路，跟她来见面。当然，我想这个钱秦始皇出一点，其他的都是巴寡妇出的钱。《货殖列传》里面，每一个故事都告诉你管理的道理。

因为时间的关系，我想明天留一点时间大家讨论，我心里想告诉大家的话很多，只是时间来不及。司马迁这里讲这一个例子，我们读书就要提问题了，他为什么这里先提了范蠡？是做个榜样，发财和做人的榜样。

我们把讲义翻过来，他中间提了很多怎么样做生意发财，怎么致富的，不一定专指做生意，乃至做人，怎么帮忙社会国家——我刚才讲话你们不要听错了。

第四堂

贤愚不肖皆爱财

南师：《货殖列传》里头，怎么致富的，他说了一些要点，经典的名言很多。我想给大家讲的很多，你看红笔画的那么多，都很重要，希望你们大家能够吸收，能够了解。我现在为了争取时间，只好简单地讲。这一段他就讲一切人都是求利的。

“由此观之，贤人深谋于廊庙”，这个贤人是讲读书的，有知识、有道德、有学问的，去搞政治。“论议朝廷”，管理国家的政治。“守信死节”，他说这些管政治的人论议朝廷，必须要做到人品“守信死节”，守住信用，建立人品。“死节”，至死不变，为了名节的问题，宁可守穷，这就是人格的建立。“隐居岩穴之士，设为名高者安归乎”，一般人都是为名利，都想赚钱。他说至于有些人看不起名，看不起利，学问很好，做隐士或者修道去了，名利对他们不起作用，那他们的人生目标是什么啊？他提出来一个问题。“归于富厚也”，结果呢，这个他就骂人了，说有些自己表示清高的人，最后还是向钱看。

譬如我们提到齐国当年的首都临淄，孟子、荀子、一般科学家、修道的、炼丹的，都到齐国去了，你们看那个阶段，那个山东临淄比现在上海、香港热闹得多了，天下的人才都汇集在那里，都向那里跑，为什么？因为那个地方有钱。

下面这一段很精彩，把军人、各式各样的人都讲了，我们简单地念过去，“是以廉吏久，久更富，廉贾归富。富者，人之情性所不学而俱欲者也”，为什么要钱，要富有？世界上只有富有最诱惑人，人类天生的性情是要钱，不用教他，个个都向钱走，向富有走。

“故壮士在军，攻城先登，陷阵却敌，斩将搴旗，前蒙矢石，不避汤火之难者，为重赏使也。”当兵的去拼命，打仗的时候冲到最前面去，为了升官，为了发财，他说不是为了利吗？

这是一段。

“其在闾巷少年，攻剽椎埋，劫人作奸，掘冢铸币，任侠并兼，借交报仇，篡逐幽隐，不避法禁，走死地如骛，其实皆为财用耳。”这个包括很多了，“闾巷少年”，一般年轻人。“攻剽”，就是现在抢劫之类，少年特别多，各地都有。“劫人作奸”，抢劫或者强奸，或者盗墓，挖人家的坟墓，或者做假钞票，还有替人家做保镖拼命，或私家侦探，甚至一切犯法的事情都干。“走死地如骛”，他们自己晓得这样做犯法，会被枪毙，但还是拼着命去做，为什么？其实都是为了钱，还是为了钱。

“今夫赵女郑姬，设形容，揳名琴，揄长袂”，这些都是文章的好东西，文学的好东西，古人写文章所谓“炼字”，每个字都是黄金打造的一样，深思熟虑。“蹑利屣，目挑心招”，这四个字更滑稽了，他讲女性出来做这个事，譬如说眼睛一瞟，就勾搭上了，“心招”，你来吧！心里想的就是一个钱。“出不远千里”，千里迢迢都要跑来，乃至农村出来的跑到都市，打扮得漂亮去赚钱。“不择老少”，不管你是什么人，只要有钱。“奔厚富也”，为了钱。这是讲女的方面，你看古今社会是一样的。

“游闲公子，饰冠剑，连车骑，亦为富贵容也。”你们这些老板们、少爷们、小姐们，或者大官的少爷公子们，名牌的车子、名牌的服饰，他是为“富贵容”，表示炫耀，还是为了钱。

“弋射渔猎”，打鱼的、打猎的。“犯晨夜”，半夜就起来工作。“冒霜雪，驰坑谷”，很危险的地方都去。“不避猛兽之害，为得味也”，为了好吃，大家喜欢新鲜的野味，他们就做这种事。

“博戏驰逐，斗鸡走狗”，赌钱的、开赌场的。“作色相矜”，男女打扮得很漂亮，在那里乱搞。“必争胜者，重失负也”，都想成功，都怕输，不想失败。

再来是做医生的，高价钱给人家看病，“医方诸食技术之人，焦神极能，为重糈也”，为了吃饭，也是为了钱。

还有做公务员的，“吏士舞文弄法，刻章伪

书”，写假公文，假的证据。“不避刀锯之诛者，没于赂遗也”，不怕犯法，不怕坐牢，不怕枪毙而贪污受贿，也是为了钱。

“农工商贾畜长，固求富益货也”，各行各业，大家通通为了要钱，使自己富有。

“此有知尽能索耳，终不余力而让财矣”，他说所有这些人，都不远千里万里，拼了命，都是为了钱。

这一段讲这个，目的为了什么？告诉你，大家都向钱看。这又是为什么？中间你自己去研究，跳过来下一页。

“今有无秩禄之奉，爵邑之入，而乐与比者，命曰素封”，这是个问题，你看《聊斋志异》，常碰到“素封之子”，“素封”是从这里来的。什么叫“素封”呢？一般人白手起家，也没有家庭的背景，等到富有了，像一个王爷一样。所以我常常告诉人家，怪不得大家要钱，我说我一辈子功名、富贵、权力，什么都玩过，然后我看这些人真有意思。“封”等于封侯拜相，有封地或爵位。可是有了钱还没有办法封侯啊！

但是你有了钱，好像那个地位跟他们是一样，因为有钱，你的身份就高了，“素封”是这样一个东西。“素”就是白纸一样，“封”就是封爵、封地。再转到下面看：

“是以无财作力，少有斗智，既饶争时，此其大经也。”所以钱财是那么诱惑人的东西。

书读百遍 其义自现

司马迁这一篇文章读完了，你差不多懂了人生。不过你只读一次两次不行的哦，要读好多次才可能懂。我读《史记》的经验告诉你，当年抗战的时候，我在成都，那里有个很有名的学者，前清最后一榜的榜眼商衍鎏先生，我也拜他为师。有一天我问他：“老师啊，你们当年考进士是怎么考的?”他说：“你怎么问这个?”我说：“那我的文章如果参与考试怎么样?”他说：“应该可以。”我心里想，那么容易啊！可是真讲读书很难，每个字都要很用心，这是一件事。

后来我问袁老师，袁老师说：“听说你跟商老师问当年考进士。”我说：“我看前清这些举人、进士的文章差不多，我认为很平常。”袁老师把胡子一抹，瞪我一眼，他说：“你书读过很多，《史记》当然很熟，有一篇《伯夷叔齐列传》你读几遍?”我说两三遍，可是好句子都会背啊！袁老师说：“不行！你要懂得写文章，把《伯夷叔齐列传》读一百遍，再来跟我讲话。”我一听很不服气，可是他是我的老师，当年跟老师是这样讲：“是!”不讲话了，只答应是。回来很不服气，再拿《史记》出来读一读。哎哟！我发现是有问题！当年认为读懂的，现在好像没有看到的地方很多啊！再来。哎哟！越看越有问题，最后真听老师的话读一百遍，然后来跟老师说。他一看说：“你不要说了，你懂了。”所以，读书做学问真难！我现在提出来请你们注意。

财产与人格

所以他说“是以无财作力”，没有钱，只出劳力，有时候人自己有自卑感，“少有斗智”，自己脑筋不肯用了。“既饶争时，此其大经也”，自己有办法以后，自己脑筋会出来。

“今治生不待危身取给，则贤人勉焉”，这些话都很重要，现在一般人为了谋生，“不待危身取给”，危险的事情敢去做，“则贤人勉焉”，所以一般人是勉励他。人生要建立自己谋生的职业，不要随便求人。自己会谋生了，就可以建立独立人格了，这个要特别特别注意！

“是故本富为上，末富次之，奸富最下。”富人分三种：“本富为上”，当然天生的福报好最好，父母有田地，有财产，最好。我常说，我假使父母留下来多少千亿的财产，然后由我乱花，我说那个才好，那个是本富。“末富次之”，辛苦赚来的，自己白手成家的其次。“奸富最下”，非法的致富是最下等的。

“无岩处奇士之行，而长贫贱，好语仁义，亦足羞也。”但是整个的社会繁荣起来，譬如读书没有“岩处奇士之行”，要超然独立，要跳出三界外，不在五行中，出家修道，或者是离开一切人事，处在山林里头，或者在城市里独居，孤苦伶仃，自己去修行。没有这样独立的人格与品行，而又靠人家拿钱生活的，永远是可怜的人，永远是贫贱的人。而这些人却又喜欢讲学问，讲理论，讲道德。他说那跟有钱人一比也是太羞耻了。他并不是赞成有钱哦！也不是赞成跳出现实的人生哦！这个你要去想一想了。

“凡编户之民，富相什则卑下之，伯则畏惮之，千则役，万则仆，物之理也。”“编户之民”是普通人，他看到有地位、有钱的人好像有自卑感，这是人格上的问题了。“伯则畏惮之”，看到人家更有钱会怕的，穷人怕富人，愿意拿点薪水给富人打工做事。他又说如果遇到更有钱的人，愿意做他的仆人。交一个有钱的朋友，都高了，自己脸都争光了。他说这个社会的人情都是“物之理也”，人人都有这种心理。

下面他一层一层地告诉你，“夫用贫求富”，一个人由穷白手起家到富有。“农不如工”，我们讲经济学的基础是农业经济，第二个是工业经济，第三个才是商业经济。现在买股票、期货的人，那是第五六层的经济了，已经不是经济了。所以买股票、期货，我叫它是虚无经济，买空卖空，说是支持实业生产，实际很多是在扰乱实业生产，最后说不定又归于空，这个另外讨论。

他这里告诉你，“夫用贫求富，农不如工，工不如商”——这是司马迁的观点——“刺绣文不如倚市门”，这个很难听了，讲女性的，做手工绣花卖给人家，还不如半开门户，招一些男的，一下就解决了。

“此言末富”，当然，这样的富有是“末富”，白手起家的路。可是人都要钱，“贫者之资也”，穷了没有办法，只好走上这一条路。

财富的无常与无情

“由此观之，富无经业，则货无常主，能者辐辏，不肖者瓦解。”《货殖列传》这几句话千万记住！我看司马迁人生的学问都在这里。“富无经业”，怎么样发财没有一定的，也没有长久的，哪一行、哪一业不一定，最后是靠你的智慧，不能说哪一行对，或者可以一直发达下去。

第二个，“货无常主”，财富不会永远属于你的。我也常常告诉大家，财富是个什么东西？拿哲学道理，尤其是佛学的道理讲，财富属于你的所用，不是你的所有。你一生再多的钱，只有临时支配的使用权，并不是你的所有，而且只有你用到的、真用得对的，才是有效的，否则都不是。

我们从妈妈肚子里出来，两手空空的，最后还是两手空空地走。孩子生下来，这个手就是抓着，大指头放在里面。人一辈子都是抓，光着屁股来，什么都抓，到死的时候放了，这就是人生。

所以我常常给大家讲，有一个经济学你们没有看过，释迦牟尼佛的经济学。释迦牟尼佛他讲一个原理，他说这个钱啊，你只有五分之一的临时支配权，有五分之四不属于你的，财富多的也一样。他说第一份要给政府；第二份是盗贼的，骗你、抢你的、偷你的钱；第三份属于你的疾病；第四份属于你的家人、兄弟、朋友。除了这个以外，你只剩下五分之一。这五分之一，还并非你的所有，只是你临时可以支配使用而已。我说他的经济学最高了，其实那五分之一也要自己真正用了，而且用对了，才是有效的。又有一说，世间财物，为五众所共享，“王、贼、水、火、恶子”。

司马迁这里没有讲得这么深刻，但是他讲“富无经业，货无常主”，要注意，不会永远属于你的。所以中国古人说：“富不过三代。”依我这八九十年的经验来看，三代都不会，富不过二代的很多。一下子就变了，没有了。所以“能者辐辏”，有能力的就赚来，其实不仅仅是靠能力或劳苦，还要其他很多因素凑拢来，像车子的轮子一样，一条一条辐条凑拢来。“不肖者瓦解”，能力不够了，或者其他条件不行了，一下就没有了。

财富与文化、道德

“千金之家，比一都之君；巨万者，乃与王同乐。岂所谓素封者邪？非邪？”司马迁在这里讲，他说有千金财产的人，“比一都之君”，好像与地方首长平起平坐。达到百万，现在不是百万了，就是你们讲的多少个亿。他说达到这个，“乃与王同乐”，他的享受比部长、省长乃至国家领导人好。“岂所谓素封者邪？非邪？”他说这个并不需要祖传的，靠自己努力来做到这样。

那么，我们再翻一下这一本资料，最后一页，“故曰：仓廪实而知礼节，衣食足而知荣辱，礼生于有而废于无。”这个“礼”包括很多，所以，管子的经济政治从这里开始，经济不建立好，这个社会的文化就没有基础；反过来讲，文化没有基础，这个经济社会发展就是个病态，“礼生于有而废于无”。

“故君子富，好行其德”，所以讲文化的修养，好人富有了，做好事，做功德。“小人富，以适其力”，没有修养的人发财了，用到享乐上，或者做坏事去了，或者继续再投资，为了钱而赚钱，至于怎么样用钱才好，根本不懂。

所以，“渊深而鱼生之，山深而兽往之，人富而仁义附焉”，这是三句重点的话——水很深了，养很多的鱼；山很深了，里头很多的生物；人富有了，一个人有了财富，要养仁，讲仁义道德等等。不是说人富有了自然会有仁义道德，那是要提醒自己反省自己，要修养才会有的。

“富者得势益彰，失势则客无所之，以而不乐”，所以呢，树倒猢狲散，猴子是为了桃子才来的。不是只有财富吸引人，道德学问的富有，也会吸引人来学习归附。“富者得势益彰”，富有了，得到势力，有机会更发展。“失势则客无所之”，你倒霉了，朋友也没有了。所以你的朋友很多，要考虑考虑是你的道德关系，还是你财富的关系，自己要反省。

“谚曰：千金之子，不死于市，此非空言也。”从前的谚语说：有钱家庭的孩子，不会死在路上，总是有人招呼的。没有人招呼，算不定就死在哪里。

欲望的极限

“故曰：天下熙熙，皆为利来。天下攘攘，皆为利往”——这是司马迁的名言。

“夫千乘之主，万家之侯，百室之君，尚犹患贫，而况匹夫编户之民乎!”他有一个结论，谁都怕穷，可是反过来看，人究竟富有到什么程度才满足？看了这几句话，你可以答复，人永远不满足。“千乘之主”是皇帝，“万家之侯”是诸侯，“百室之君”地方的首长。他说每个人，不管官多大、钱多少，随时仍觉得不够。依我的经验，我常常告诉同学们，人生啊，永远感觉到缺一间房间，身上永远感觉缺一块钱，所以，“千乘之主，万家之侯，百室之君，尚犹患贫”，那么有力的人，自己还感觉到不够，不满足，“而况匹夫编户之民乎”，所以，一般人的欲望是不会满足的。这是司马迁在这一段的结论。

我们今天所讲的，是贡献给大家讨论的，先提个头，到明天我们再研究本题“新旧文化的企业家反思”。不过今天已经反思很多了，不晓得我讲的有没有重点，因为我讲得很乱，怕大家搞不清楚，明天我们再讨论。

第五堂

微言大义

南师：今天再一次向各位抱歉，那么热的天跑到这里来，听老头子乱讲话骗你们。我这一次是乱七八糟地讲，不过我相信诸位会慢慢地吸收消化，其中的意义很多，一时时间太短，讲不清楚，只能大概做个交代。尤其是关于《货殖列传》，我再强调一次，我们手边拿到的资料，是不齐全的，要研究正式《史记》上全套的《货殖列传》。

司马迁的文章，在那个时代写的，他避开政治的迫害，就是说还是担心汉武帝的，可他不管政权与帝王，一个学者尤其是管历史学的学者，要公平，所以，他写的文章很难看懂，有时候把要点放到每个传记上去了，常常一两个字包含意义很深很深。所以写文章、写历史、作《春秋》，有四个字——“微言大义”，有一句不相干的话，或者两三个不相干的字，不要放过。那个微言，轻轻地点你一下，中间包含的意思非常多，这叫微言大义。

文化的基础在文学

我常说要讲文化的基础，国家民族的文化基础在文学。文学就是这么的巧妙。外国人讲我们过去是诗人的国家，从秦汉一直到清朝被推翻这个阶段，诗人特别多，每个人都会做诗。做诗很简单，二十几个字，它内涵非常多。这是诗词跟文学的社会基础。

我们这一代，我也常常说，很多人写了点诗，旧诗、白话诗。有时人家当面问："老师啊，我写了诗给您看，请批评。"我说好好好。我常说我那个"好好好"是靠不住的。没办法，那诗写得实在不好，可人家当面拿给你，你能说写得不好吗？只好说"好好好"，那个声音是不同的。现在倒是黄段子里头有很多好的文学，真的啊，很多文学好得很。但是呢，讲这些笑话就很令人遗憾了。中国人的文学天才都很高，却用到这个上面去了。乡下有的老百姓，文学的天才非常高，随便讲一句话，没有经过修饰就变成普通的黄段子啊什么的。如果把这几十年乱七八糟的这些搜罗下来，又是未来的一部《诗经》。孔子整理《诗经》就是搜罗当年这些东西啊，“关关雎鸠，在河之洲”，男女讲恋爱的，严格讲起来，“关关雎鸠，在河之洲，窈窕淑女，君子好逑”，还不是你讲的“三围多漂亮，想得我要命了”这类的话，可是经过文学的整理就不同了。所以讲这一代，我们很遗憾的，没有代表这一代一百年来真正的文学。

讲黄段子，我也常常告诉大家，当年赵元任，语言学家，清华的名教授，他的这首歌全部歌词我不记得，年轻时都会唱，《教我如何不想她》，好句子！那真是好的文学，真是好句子！所以，文学是文化的基础。

现在我们没有多的时间讨论这些，就是告诉大家《货殖列传》的文学是微言大义。我把这个题目给大家，你们回去起码要原文读过好多遍，对于今后国家民族的经济、工商，包括个人前途该怎么走，这是个重点，很值得研究。这是对昨天下午和晚上讲的课做了个交代。

虽然做交代了，我的内心仍很抱歉，没有办法长时间一点一滴地给诸位贡献，只提出来哪些重要，没有向诸位讲清楚，时间来不及。

经史合参

我们今天就转一个方向，这次的本题是“新旧文化的企业家反思”。反思就是自己要多想想，多反省。我们昨天讲的是先开个头，这个开头还有一点没有告诉大家。我们昨天只提到从古代到春秋战国到汉代为止，汉以后呢？唐、宋、元、明、清每一朝代几百年，他的经济政策怎么样？财政金融政策怎么样发展？你不要看这是历史上的古人的事，如果你读懂了历史，拿现在来看呢，有时完全一样，只是版面不同、形态不同而已。所以我对一般研究学问有个建议，就是经史合参。必须要懂自己国家的历史，历史是人生的经验。四书五经等等，是哲学的重点。光是懂那些原理，不懂历史，不将人生、社会、国家整个的经验融合，那个学问是没有用的，那只是空洞的理论，讲得再好听，没有实践的经验来实证，是没有用的。这个话也是补充昨天的话。

企业 实业 事业

今天，针对这次的主题，把范围缩小一点，换句话，关于我们现在这一代人，企业家个人应该怎么发展。今天把题目缩小到这里。

对不起，我这里首先向大家抱歉，我不晓得最近在哪一次演讲中提过，因为有人提到现代企业家，我当时就否认，我说我们这一代中国没有企业家！我说哪里有企业家！

譬如说这个“企”字，怎么解释？依中国文化来讲，文化的基础在文学，文学的基础在文字。中国人现在连繁体字都不懂，来个简体字不伦不类的。

说起简体字，我们当年带兵的时候——这一讲是七八十年了，差不多以我当年讲，我十九岁就出来带土匪兵了——我们当年是“好铁不打钉，好男不当兵”，当兵的都是文盲。那个时候没有电话，传达命令靠传令兵，不大认识字的，叫他用口语传令。譬如说，在当年讲："传令兵！"他就站在前面立正了，"你去告诉光华学院的张院长……，讲给我听！""司令叫我去告诉光华学院的张院长……""嗯！对了！"你告诉他这样这样，还要他背三次。"去！跑步！"他拼命跑去，一路上还念着这几句，那个是传令兵。

告诉传令兵说，你到对方的那个卫兵传达消息，再跑回来。那时候没有电话，送一封信，信上打一个记号，一个"十"字，可以慢跑；两个"十"字，快跑；三个"十"字，拼命跑，要最快。卫兵的那个"卫"字，传令兵不认识，你就画给他看：一个旗帜下面画一横，表示有一个旗帜插在那里就是卫兵的岗位。现在卫生的"卫"是这样写的"卫"——简体字很多是这样来的。

要懂中国文化，先要把繁体字搞好。中国字本来没什么繁体简体。中国字体有正草隶篆，现在所谓简体字有些是从草书体来的。譬如我们过去写草书天下为公的“为”字，一点，然后这么一转就行了，这个变成现在的简体字“为”。

现在我们不是讲文学，讲到本题的“企业家”，我说现在没有企业家。中国字这个“企”，“人”字下面一个“止”或者一个“足”，为什么这样写？一个人站在那里，踮起脚向远方望，远远地看，眼光放远，准备做一件事影响后代，影响未来，这叫企望，不是希望。企望，看得远，看得深，看得大。“企业”，我们要做一番事业，有远大的目标，对国家社会有五十年、百年以上的贡献，断定五十年、一百年后这个社会国家的发展，这叫企业。

那么另一个是“实业”，实业也是我们这一代的文化，这是清朝末期，以日本的明治维新做榜样，以康有为、梁启超做代表，希望清朝政府走维新的路线，进行现代化，做一点实际的事，就是实业，再出现“实业家”这个名称，很少用“企业家”。

另外一个名称“事业”。我们经常听到现在人碰面问，你老兄做什么事业？譬如我们陈老兄吧，人家说他是航空的创办人、老板，这是他的事业。事业跟实业、企业有差别，譬如航空公司，是实业吗？不是。航空业是个事业。真正的航空实业是发明及制造飞机，这个大事业叫做实业，实在的。这个是企业、事业同实业的差别。

如果真正讲“事业”。有些同学常问我，中国文化“事业”两个字出处在什么地方？是我们文化里头很早的一部书叫《易经》，讲八卦、阴阳。《易经》里面，孔子解释过这个“事业”。什么叫事业？“举而措之天下之民，谓之事业”，这个话我演讲上课讲了很多次了，一个人一辈子做的事，“举”，就是举动、行为，要做的事业；“措之天下之民”，使老百姓人民社会得到利益，得到安定，这个叫做事业。不是说你做生意，开个公司，就是我的事业，以文化逻辑来讲，你讲错了。

所以，根据这个话来讲事业，事业太难了。譬如中国人有一个人做了大事业，大禹治水，因为他出来把中国的水利治好了，奠定了中国农业经济的基础，使我们国家稳定发展了几千年，就是靠水利的发展。大禹真做了事业。尧、舜、禹这三代对于国家民族的贡献，至少到现在乃至到未来，都没有办法否定。

所以上次我在上海国家会计学院演讲，说到大禹的功业是建立了会计制度。你们讲会计事业，以为是西方来的，不是的，中国几千年前就有。大禹治水以后，召集天下的诸侯在浙江绍兴的茅山，会稽天下，做了个总结统计，把国家治理好，水利搞好了，把国家分为九州，因此茅山改名为“会稽山”，“会稽”就是“会计”，大禹最后死在会稽山。

那么，讲到这次和张院长商定的这个小题目，讲到企业、实业、事业。中国的实业家是什么时候开始的？清朝末年。那个时候讲实业，有个口号叫“实业救国”，四个字，什么人提出来的？江苏南通张謇，是清朝最后一个状元。所以这一带在那时就注重实业的影响。因为中国受鸦片战争以后种种的破坏，发现外国“船坚炮利”，武器厉害，轮船坚固，我们用的是木船，火炮也不行，那个时候还没有飞机呢，我们这个东方的大国被人家搞得已经吃不住了！鸦片战争以来，有西方的侵略，日本的侵略，这个日子很不好过的，打得一塌糊涂。那么大家反省，等于现在人要开放发展，所以先提倡实业。那个时候的实业家是先做纺织厂——这个纺织实业你们大家要注意研究了，纺织业与西方文化第一次工业革命很有关系，现在我们的纺织业在国际上还跟不上，古代实际上是我们领先的。

把话拉回来，否则又要讲实业的历史了。回到我们这二三十年的发展。讲起这个，我就想起来告诉大家，我希望你们在座的老板们去买一本书，香港的中华书局出了一本书，叫做《中国十大商帮》，我看了很惊讶，咦！这个香港中华书局做了件了不起的事，这本书值得你们诸位参考。

百年历史中的六个突然

由清朝末年起到现在，我们这一百年中，工商界企业家也好，银行家也好，没有一个真正成功站起来的；而且一直到现在，所有人都是

“一片白云横谷口，几多归鸟尽迷巢”。究竟是什么道理？我也再三考虑、再三研究过，就是我们这个国家、社会受时代影响变化，遇到很多出人意料的机会，偶然的，或者说突然的剧变，导致重重迷惑。

譬如说，第一个突然，清朝后期，我们国家政治文化搞得那么乱，孙中山先生领导推翻了清朝。中国历史上把一个旧的政权推翻，变一个新的政权，都是打下来的天下，叫打天下，必须要军事的力量配合政治力量，历朝历代唐宋元明清都如此。只有这一代不同，孙中山吹牛吹出来的，没有一块钱，没有一个兵，到处演讲三民主义，乱七八糟吹，想不到这个吹吹会吹成功了，一下机会碰到了，清朝退位，变成中华民国。几千年的体制与文化，突然巨变，让你不知道怎么办好。

可是孙中山领导的国民党有准备的，理想是“三民主义”，政治体制是“五权宪法”，也有“建国大纲”、“建国方略”，想好了如何建设这个国家。那时候，“建国方略”提出最重要的是先发展建设铁路等等。他也愿意不做总统，自己下来，每天趴在地上，在地图上画，把中国怎么怎么建好，包括全国的铁路。可是他得天下太偶然了！因此，后来北洋军阀又起来。中间的历史故事很多。这是第一个偶然，中国人没有方向了，“几多归鸟尽迷巢”，太突然的机会。

第二个突然呢，后来北伐，北伐没有打一年，黄埔同学起来，配合地方部队，统一中国。不到一年，张学良在东北一变转投南京中央，一下统一了。又是偶然一个机会，胜利来得都太偶然了！措手不及就搞不好，疯了，这个国家又乱了。

刚刚准备上轨道了，第三个突然，日本人动手了，日本人不能让中国统一，统一了不得了！于是，就发动“七七事变”了。而斯大林也不想日本人胜利北上攻击苏联，因此在西安事变中保住了蒋介石。日本人原来预计是三个月把中国打垮，他们有甲午战争等等的经验。

我们是学军事出身，现在在军事学上可以得出一个结论，什么《孙子兵法》十三篇、《六韬》、《三略》，历代的军事著作都没有说到一点，没有说到“拖”！你们注意啊，做事业也是一样道理！日本人准备三个月打垮中国，他估计得没有错。日本人打香港的时候准备打三年，结果呢，香港三天就拿下来了，因为英国人不能打。日本人打中国人想三个月成功，结果被中国一拖拖了八年，八年抗战！战线拖得那么长，时间那么长，没有想到！

那么这个八年当中，我们一定会打胜仗吗？像我们身在大后方，当时参与的，现在讲老实话，当时后方有两派：一派是抗战到底；一派是汪精卫他们那个“低调俱乐部”，他们认为一定打不过的，一定亡国，所以汪精卫他们的思想是早一点投降，另外想办法，再慢慢弄回来。结果呢，想不到八年之后日本突然投降了！这个突然投降，这个胜利来的是太突然了！等于我们这个富有的老家庭，被打得七零八落的，嘿，北边漏雨，南边出太阳，不晓得怎么办好！好了，一夜之间，被突然来的胜利冲昏了头。原来中央军校培养的都是战争人才，没有培养建设国家的人才，根本没有想到那么快就胜利了，怎么接收？怎么建设？毫无准备！

我为什么给你们讲这些呢？跟你们做企业有关系。好了，这个历史阶段我们不讲多了。

第四个突然，抗战胜利后是内战，几年当中，共产党统治全国。你想国民党几百万部队搞了多少年，结果八个月当中兵败如山倒，最好的装备七八个月光光，统统被共产党接收，没有思想准备，也没有整体的国家建设计划，临时很匆忙，又是一个突然。

第五个突然，五十年代以后，十几年当中，全国上下，一穷二白，穿一样的衣服，享受平均的基本住房、医疗、教育，达到均贫，蛮好的机会！结果突然发动“大跃进”，跟着“文化大革命”，突然改变了，又是剧变。

第六个，好了，这一下回到我们开放发展的初期，到现在不到三十年，也是一个突然，突然改革开放。你们诸位，以我的眼光看你们都是小朋友，最多不会到六十岁，你们很多是一二十岁大学毕业或者高中毕业，突然撞到这个机会，弄两个钱，一下就发起来了，也是突然。我现在讲历史的经验，讲的都是事实，要详细研究，每个都是大学术的博士论文。你们发展到现在，好像都是大实业家，突然的。

当我在美国的时候，二十几年前，年份我记不得了，还是胡耀邦先生、赵紫阳先生阶段，我在美国看到，哟！一下子看到电视上中央领导出来，衣服换了，穿西装打红领带，我当时开口大叫完了！开放发展是好事，可是要关着门十五年以后再慢慢开放，十五年当中，大家男女穿一样的衣服，全国人民丰衣足食以后，慢慢地开放一点，就不会那么匆忙。现在突然一下，男的是西装红领带，女的是抹上口红，挂上皮包，穿上高跟鞋。我说完了！太早了！太快了！茫然！

我讲的这个都是事实哦，这一茫然，茫然了二三十年，就看到你们这些所谓的大资本家、大老板，突然一下起来了。是这个浪头、机会给你的，不是你的本事。对不起啊，我讲直话，客观地讲，是机会给你的，不是自己的本事。

那么这里头我想起两句诗，古人有两句诗给

做官的朋友——“浮沉宦海如鸥鸟”，很好的文学名句，“生死书丛似蠹鱼”，像我们是第二种，一辈子喜欢研究学问读书，变成书虫了，“蠹鱼”就是书虫，吃书的那个虫。“浮沉宦海如鸥鸟”，讲做官的，一下高升，一下又下放，一下又上去，你看邓小平有三起三落，“浮沉宦海如鸥鸟”，像海浪上面那个鸟，跟着浪一高，那个鸟飞到浪顶上，浪一落下，鸟也降下来，一下又浮上来。我把这两句古诗改一个字，为你们改，你们现在是“浮沉‘商’海如鸥鸟”，有时候发财了，有些人我看到他发了财，看到他垮了，看到他又起来了，看到他又垮了，“浮沉商海如鸥鸟”啊！第二句话“生死书丛似蠹鱼”，是另外读书人的事，你们虽然现在还在读书，我还不承认你们能够是“生死书丛似蠹鱼”。“生死书丛似蠹鱼”是专门搞学问，不想出来做事，也不管自己穷不穷啊，都不管。所以我说你们是做事的，因此回到我和张院长决定的这个题目。

新旧企业家

这下你们要反思了，我所看到的中国老辈子的、殷实的、富有的商人，与你们不同。

你们不要受一本书的骗——《红顶商人胡雪岩》，不要受这个骗。胡雪岩是左宗棠闹的事，是左宗棠培养的，偶然玩玩，左宗棠需要钱用，因为左宗棠的做法很是不同，他需要钱做出一番军事事业来，他必须要培养胡雪岩这个商人。

如果要看红顶商人，你们去看一部电影，是真的韩国的历史，就是有名的《商道》，那个韩国人是真正的红顶商人，值得你们做参考的。

老一辈做企业的，是离不开管仲讲的“礼义廉耻，国之四维”的，他们自己在内心建立这个文化的基础。文化不是读书哦！譬如我们在座的老同学陈某，他处处打我的招牌，是我的老学生，要他的公司每人要读我的书，这个也还不是文化基础。所以我当年跟他讲，要学当年四川民生公司的卢作孚，那是另外一套作风。

现在我们话说回来，企业也要反思了，企业的基础在文化。那么，过去的殷实的企业家，非常勤恳、朴实、节省——我眼睛里从小看到的，老一辈的企业家出来，不像现在的人。而我所看到的现代的许多企业家，一来一看，哦！我说你是新发展的企业家，穿的衣服、夹克、皮带都是名牌，一身珠光宝气，一看就是暴发户。手上戴着块名表，那个气焰好像很不同，把天下事看得轻而易举。不是这回事！

老辈子的企业家，我所看到的老辈子的朋友，安徽、武汉这两个地方，清末民初老牌的企业家非常有钱，但一看完全是个乡巴佬，衣服穿得朴朴实实，坐在那里规规矩矩。

我在台湾时，譬如我们那个老同学李传洪的父亲，一个老的殷实商人，他那么有钱，但永远朴朴实实，生活很简单节省，对人很厚道。平时手臂上挂个菜篮，菜篮上面放着报纸，报纸下面都是钞票，台湾银行他还是董事哦。到了银行门口，警卫不让他进来，不晓得他是老板，他也没有生气，从后门溜进去。后门进去了，除了钞票，在报纸下面还有很多糖果，看到服务生小姐，哎，你吃块这个。这是老辈子企业家。没有耍那些花枪，没有做怪，没有穿奇装异服，这叫殷实的企业家。他后来还是电力公司的董事，有很多很多的实业。

现在我看到年轻的朋友们发财了，非常繁华。我是个老书呆子，不过我本来也做过生意，这些我都玩过，看到都很好笑。这是修养的态度方面。现在我说没有真正的企业，都在投机！尤其是股票、期货，几乎完全是投机。现在报纸上写得也对，叫泡沫经济、虚拟经济。我们要反思的！

管理学的历史

因此，由新旧的企业家，就讲到管理学。张院长带领你们研究管理学，美国管理协会在我们这里是老同学李博士做代表，你们都知道的管理学大师彼得·圣吉，他常常来，过一个月还要来。世界上讲管理学的经验，我看到才四十年。昨天还有一位小朋友要到美国留学，我跟他讲不要学管理学、经济学，那都过去了，不是跟着时代走的。

管理学最开始流传过来时，在台湾大学忽然成立了家政系，那个时候不叫管理系，刚刚萌芽，是二次大战以后日本开始的。日本影响美国，美国再影响欧洲乃至中国。先讲工商界的复兴，战后的复兴，先要准备管理。这个在中国的翻译，台湾开始叫家政系，我一看大学里有最新的科系叫家政系，我也不懂“家政”两个字，我问干什么？要这些男人去做饭管厨房吗？怎么管家政？同学们就说：“哎呀！老师呀，你到底是……这个家政系在外面是很伟大的啊，等于是中国的总务，管一切事。”后来家政系不到两三年又变了，扩大了，叫行政管理系，大学也跟着时髦。行政管理系又慢慢变成管理系、管理学院。全中国、全世界都在管理，不晓得是你管理我，还是我管理你！谁管理谁呀！

我说真讲管理，你看二次大战后日本的复兴，讲管理就要注意日本。

访问日本

日本投降后，一九六九年，日本邀请台湾中国文化访问团到日本考察。当时台湾政治界、学者三十几人组成访问团，团长是何应钦上将，他当年是接受日本人投降的代表。有一天，他请我去吃饭，我说老总，什么事啊？他说，日本邀请我们作文化访问，要我做团长，我想要你来。我说，哦唷，不行不行，日本人向你手里投降的，不是向我手里投降的。他说，不行哦，几十位名教授都去了，我看你必定要跟我走一趟。我说，我代表什么？我不代表国民党哦。他说你放心，没有这个事。我说，我也不代表政府。他说，不会不会，你的个性我知道，不麻烦你，你做顾问，特别顾问。我说好，跟你去玩玩，跟日本人打了那么久，我去看看。

一到外国，我都是穿长袍的，带个手杖。因为中国人没有衣服，老是穿人家的衣服，我不甘愿。长袍还是满族人的衣服，还算是中国人的了。到了日本很有趣，碰到一位名教授，木下彪，他中国诗作得很好，我们坐在一起，他不会讲中国话，我不会讲日本话，两个人拿到笔，都用中国古文笔谈。我说，你们打败了投降。他说是，不过不是向你们投降。我说，那怎么讲？他说，我们是向两个中国古人投降的，一个是“苏武”，一个是“屈原”。我说什么意思啊？他说，开始你们打不过的，后来苏联的空军来帮忙你，“苏武”，苏联的武器；第二，屈服在美国的原子弹下面，“屈原”。他的意思是，不是向你们中国投降的。

我说你们要感谢感谢蒋老头子，不要你们赔偿，投降的兵不杀，还全体送回来，他的政策是以德报怨。“报怨以德”是老子的思想，孔子的思想是“以德报怨”。这个恩德太大了，所以我送蒋老头子死后的一副挽联是“东方感德一完人”，中国人不一定感谢你，日本人应该感谢你。这位木下彪说：你不满意蒋委员长的政策？我说不是不满意，对你们太宽大。如果当年，假使我当家，才不那么做呢！他问：先生，意欲如何？假使你做国家领袖，你怎么办？

我说，很简单，你们日本人想中国，从明朝开始起，一直到现在，这一次大战已经是第七八次了。你们就是想中国嘛！明朝开始，你们想把日本的首都摆在宁波，韩国的汉城做陪都。假使我做领袖，你们不是想中国吗？你们投降后，我把你们所有的兵、所有的老百姓，通通接过来，分散到中国各地；然后我派苏州两三个县的人到日本，帮你们看守日本。他一听，说好在你不做中国的领袖，否则从此日本没有了，就是一切完蛋了！

顺便乱扯，讲到这个历史。先休息了。

第六堂

自我管理

《诫子书》

管理自己的性与情

最大的管理学

自我管理

南师：我这个讲话好啰唆，乱七八糟扯到这里，赶快要刹车。重点是为什么要讲到日本这一段？因为讲到企业管理。

第二次世界大战以后，日本在这个情况之下要复兴，这个在我们国内的名称叫“复员”，一切要复员，重新恢复，当时美国也在复员，日本也在复员。当年我到日本去看的时候，感慨很大。那是战后二十几年了，我在台湾和何应钦他们一路，代表文化团访问日本，在东京街上看到很多断腿断手的，日本的社会秩序，看了令人心惊胆战。我告诉何应钦，有问题……

他们战后马上复员，把军事管理用到工商业去，从外表就可以看到，工厂、商业，全体用军事管理。这个风气，慢慢影响到美国的管理。譬如我举两个小例子，时间短来不及多讲，讲个人管理的修养，我在日本感慨很多。我们在日本的三岛，不像一般人的访问，连乡下统统看，走遍了。譬如乡下小的水果摊，每个水果都擦得干干净净的，每个商人都很有礼貌，很敬业，不是特别对我们，儒家的文化还遗留在他们那里。所以，我感想非常大。

再比如说，我当时带了两个大箱子，茶叶呀这些礼物，有时要交换送人，在火车站转另一个火车，两个大皮箱是在台湾买的，对不起，那个皮箱大概是我们温州人做的，皮箱这样“咔嗒”断了！我穿着长袍，手里提两个皮箱，要过天桥，过火车站，痛苦啊！怎么弄？刚好五点钟放学了，看到日本的中学生，穿着那个学生服，戴着帽子过来。我也不会讲日本话，把手一招，那个学生过来，看到我这个样子，两个皮箱在地上，他马上立正、行礼。我用中国话跟他讲，我说到前面火车站，拿不动了，我比画着，你帮我背到前面去好不好？他行个礼，他也听不懂中国话，但是他懂了我的意思，叫我在后面跟着他走，到了前面的火车站。我非常感激这个中学生啊，就拿出来美钞二十块在手里，等他一放下箱子，我递给他。他摆摆手，不要，行个礼，向后转，走了。这下我弄傻了，我回头告诉何应钦，我说："敬公啊，看来，还有一次战争！日本不可以轻视，这个国民同我们不同，这个教育，我太钦佩了！"这也是管理学，国民的自我管理。

这是我当年在日本看到的，好几件事，感慨很多，一时报告不完。所以讲到管理学的来源，由日本影响到美国，发展到现在的管理学。

还有一个例子，后来我在美国，有一次回台湾，坐日航——日本航空最好，航空服务生每个都很有礼貌。我喜欢打坐，到那里，尤其是头等舱，腿一放，这么一靠，其实我没有睡觉，她以为我睡觉，那个服务生马上拿个毯子给我盖上，我眼睛眯眯看，哟，很钦佩。结果看到这样高大的服务生，都是女的；然后一个女的，很矮小的，过来了，所有服务生立正，等她过去。我明白了，这是领班。嗨呀，我说日本这个民族性，都是中国文化儒家精神的保留，不像我们……这是谈到管理。

那么，我们现在把这些零碎的讲了，刚才乱扯扯到日本，讲管理学讲到日本。我们现在的管理学呢？好，变质了！都是怎么营销，怎么推销，怎么把职员、干部、工人一环一环地管理好，基本的管理精神没有了。其实管理学最重要的，是老板思想的管理、情绪的管理。个人管理、自我管理是最重要的管理，不要以为发财，可以号令天下，财与势不能号令天下。

哈，我把话题一下拉回来，拉到中心了，每个老板，现在发了财，志高气傲！对不起哦，那不是你们，也许是你们，不知道哦！我是看到的，志高气傲。我说的，不是你们的本事，是时代机会给你们。不要再给胜利冲昏了头哦，我们开放发展给你这样一个机会，你以为自己本事大了，其实都是虚拟。真给你讲，我常常告诉做企业的一班人，你们画的数字越来越多，房子越住越大，汽车越开越新，人格越来越渺小。最要紧的是自我的管理，自我的修养，所以新旧企业家的不同，重点在这里！

《诫子书》

讲了那么多啰唆话，前面为了拖时间的，重点在后面。那么，讲到个人的管理，我今天抽出诸葛亮的《诫子书》，我的考虑，让你们拿去背背。诸葛亮给儿子的这封信，非常重要，我希望你们诸位企业家背背。

“君子之行，静以修身，俭以养德”，这里每句话发挥起来意义都很多，我们先把原文大概念一下。

“夫君子之行，静以修身，俭以养德。非淡泊无以明志，非宁静无以致远。”先学会心境的宁静，这一点，希望中国新起的企业家，尤其是各位要注意能不能淡泊；不但生活要淡泊，思想也要淡泊。我想你们都会知道，从汉朝诸葛亮这封信以后，一般人常常讲的名言“淡泊明志，宁静致远”，就是在他的这两句话里提出来的。

“夫学须静也”，真讲学问，要一个宁静的环境，宁静的时间，每天诸位，十二个钟头里只要三四个钟头，自己有个单独宁静地反思、反省、读书的时间；“才须学也”，知识的增加，才能的增长，要学问中来。“非学无以广才”，不求学，不求广泛的知识，才能是有限度的；“非静无以成学”，没有宁静的心境，宁静的思想，你的学问不会深入。有的版本是“非志无以成学”，“志”，就是立志，没有深刻的愿望、意志，学问也不可能深入。

“慆慢则不能研精，险躁则不能理性”，也有版本是“险躁则不能治性”。这两句话是对起来的，这是汉文的特点，句子对应的。自己对自己原谅、放逸、不精进是“慆”；“慢”是傲慢，自己认为满足了，了不起了，每个人都容易犯这个毛病。譬如你们诸位，同我们一般年轻的人读书一样，一看以为都懂了，其实连影子都没有摸到，这就是“慆慢”，慆慢则不能研精、精到；“险躁”，内心思绪跳动，思想不稳定，脾气很躁，则不能理性，管理不了自己。

这是诸葛亮对儿子的教育。他的儿子诸葛瞻，战死于绵竹，所以诸葛亮是一门忠孝。诸葛亮帮助刘备在四川，儿子也带到四川，在家里读书，他也没有空闲教儿子，这是他教训儿子的一封信。

“年与时驰，意与岁去”，年龄跟着时间跑了，年龄老了，思想衰退了，一岁一岁，你觉得自己长大了，今年四十，明年四十一，好像长大了，实际上你是衰老了，落伍了。

“遂成枯落”，最后你是落伍了，跟不上时代。“悲叹穷庐”，老了，没用了。古人有一首诗，“壮不如人老可知”啊，有什么可谈呢？悲叹穷庐，自己后悔！“将复何及”，后悔也来不及了！

诸葛亮《诫子书》，我当年二十多岁教军校学生，就要他们背这个，每天要背来，你将来要做统帅、做领袖的，不读这个不行。诸葛亮的文章不多，但他写信，最令人佩服了，都是短文，简简单单几句话，包括了很多的意思。诸葛亮一辈子最了不起的文化著作，流传万古，只有前后两篇《出师表》。所以古人说，“但得流传不在多”。

我最近常常感叹，范仲淹写了一篇文章

《岳阳楼记》，但他根本没有去过岳阳楼，他那个时候在邓州做官。范仲淹一个孤儿出身，出将入相，影响中国文化那么大！这篇文章最有名的两句是“先天下之忧而忧，后天下之乐而乐”。所以大家读书，研究学术，想著书流传，注意这一句话——“但得流传不在多”。

那么，我讲了这篇《诫子书》，提出来诸位的修养，要随时反省自己，千万不要给胜利冲昏了头，不要让钞票把自己脑子搞乱。古人有一句话——“唯大英雄能本色”。我常常嘱咐同学们，也嘱咐朋友们，我们都是乡下出来的孩子，所以曾国藩用人喜欢用乡下出来的，他有“乡气”。我们这位张院长是西北乡下出来的，他还保持着那个“乡气”。“唯大英雄能本色”，不要傲慢，不要被胜利冲昏了头。

管理自己的性与情

人的修养，内在的修养最难，就要读《中庸》，我这本书稿子写好了，还没有出版。《中庸》讲“天命之谓性，率性之谓道，修道之谓教。道也者，不可须臾离也，可离者，非道也”。这是身心修养的最高原则。

这一段，我现在嘴巴里背出来，十一二岁时背的书，到现在不要靠你们的计算机，也不要靠本子，讲到这里就自然出来，这就是我教孩子们背书的道理。背书不是随便记的，能背就不用刻意去想了，嘴里讲到那里，自然出来，这叫背书。想出来已经不是了，那个靠不住，那是硬性的记忆，不是背诵，所以叫孩子们背诵，是像唱歌一样地唱。他背会了，到死以前要出来就出来。现在我是背出来的，我九十岁了。

然后讲“喜怒哀乐之未发，谓之中；发而皆中节，谓之和。中也者，天下之大本也；和也者，天下之达道也”。这是《中庸》的原文，讲到人生的修养，要背诵来的，尤其贡献给你们诸位先生大老板们。像我们一辈子，随时注意这个。

《中庸》开篇就讲到“性”跟“情”的问题，这是讲到生命科学与认知科学，宗教哲学来的，也是最高的哲学来的。这是讲人生哲学的，归到身心修养方面的，又是一个范围，不是管理学的本题，但是同管理学绝对有关系。譬如它中间提到，我们人生随时在喜、怒、哀、乐四个方向。但是喜怒哀乐只提个头，是基本的四个情绪方向。实际上我们中国人，经常听到“七情六欲”。哪七个情呢？喜、怒、哀、乐、爱、恶、欲，这是七情。六欲呢？色、声、香、味、触、法，这是佛学的。七情，中国的儒家、道家都用的。

我来不及给你们一个一个分开来讲，这是专题了。这个专题，讲到真正的哲学，甚至到生命科学与认知科学这边来。

现在我们把它切开，介绍一下什么叫“七情六欲”，重点回到《中庸》的喜、怒、哀、乐。譬如我们都有思想，我想大家都有经验，你们都是老板，有时候对一个部下不高兴，一边很不满意他，一边骂他，有时一边骂，你自己心里想：少骂两句也可以。心里有一个“知道”，可以骂，也可以不骂的，对不对？可是那个脾气来了时——什么叫脾气？“情”，那个“七情”，那个一来的时候，你那个理性就控制不住了。

再譬如我们要吃一个东西，准备吃，心里想：哎呀，这好像维他命、维你命、维他妈的命，毫不相干，最好不吃，可是嘴巴那个欲望就吃了。可见理性抵不住那个“情”。所以讲修养管理，自己当领导、老板，管理你的情绪，比管理你的儿子，比管理你的爸爸、孝顺你的爸爸都难！自己管理不了自己的情绪！

又如一对男女讲恋爱一样，爱到最痛苦的时候，格老子很想把他吃掉，可是“剪不断，理还乱，是离愁，别是一番滋味在心头”！怎么样都剪不掉，情绪！所以《中庸》告诉你：“喜怒哀乐之未发”，这个情绪还没有来的时候，还蛮好；处理任何一件事的时候，引发了喜、怒、哀、乐的情绪，就要“发而皆中节”，看怎么样调节了——不是压抑，是“中节”，这里面很有学问了。其实，你“知道”情绪的时候，情绪已经变去了，不用压抑，也不用除掉情绪，你看着它，它自己会变去的。

因此我常常讲情绪问题，譬如我们的老朋友

陈某，也跟我蛮多年的。现在他也在这里，有人告诉我，他左手拿个佛珠“阿弥陀佛，阿弥陀佛……”一边嘴里骂部下，“你这个家伙！混蛋!”然后又“阿弥陀佛、阿弥陀佛……”现在他不是这样，这是讲当年。为什么讲他？因为老同学、老朋友，可以借他做个例子。他自己也清楚啊，他到现在做爷爷了，修养高得多了。我讲的是他没有做爷爷的当年，儿子还小的时候。我们两个讨论，我说你那个情绪跟理性……他说：哦，知道，都知道，到那个时候就出来了！

所以修养、管理多难！但是这个修养、管理，对你事业的前途有没有影响？非常大的影响！所以，我常常告诉这些领导、做企业的，四个字——沉默寡言——不要轻易动怒，甚至言语还要简短，没有废话，乃至修养到“喜怒不形于色”，下面摸不清楚你了，你就差不多了。你做了老板以后，你的一举一动，你的习惯，你今天晚上到哪里卡拉 OK，唱了几首歌，碰了几个女孩子，做了些什么，你不要以为别人不知道，今天的社会上都知道你。《大学》告诉你修养的道理，“十目所视，十手所指”，很多眼睛看到你，很多人要求你、指责你。尤其你做了老板，声望高了，事业大了，你以为可以了不起啊？你比一般人更危险！

我常常提到“又恐琼楼玉宇，高处不胜寒”，这句苏东坡的词，袁世凯当皇帝的时候，他儿子借苏东坡的词写给他看，袁世凯气得把儿子关起来了。袁克文，老二，文学很好，他希望他父亲不要当皇帝，做中华民国的大总统，和华盛顿一样，够好了，为什么做皇帝呀？“又恐琼楼玉宇，高处不胜寒”啊！

你做老板，监督你的人不只是纪委哦！你是党员怕纪委，普通老百姓怕公安局，监督你的人不只是纪委，任何一个人都看着你！人生最好做一个老百姓，无职无官，默默无闻是最舒服的。所以坐上面的人，内心的修养、内心的管理，更重要！

最大的管理学

我们这一次，没有办法详细给大家谈，我只

提一些要点。所以，你不要认为，到光华学院或者某一个大学，拿到管理学的硕士、博士，就了不起了，那不算什么。我一辈子，常常告诉人家，我没有一张真正好的文凭，也没有真正拿一个学位，乃至当年的日本人、韩国人找我讲，给你个名誉博士学位。我说笑话！我要这个吗？你们来，我给你一张，两毛钱买一张草纸，我盖个大印，我可以给你一百个名誉博士学位。我还站在你的前面，为了这个，行个礼，拿来，弄个帽子戴着，我一辈子难道玩这个？才不会受这个骗呢！哈，那是虚名骗人。

这是拿我来讲。但是也劝导你，劝你们诸位，真正地反省，做到自己管理。这个管理的学问，最好去读两本书：《大学》和《中庸》，读前面的部分，背来。为什么只叫你读前面的呢？因为后面是大政治哲学了，管理天下，“齐家，治国，平天下”，你不要管，先把个人管好了再说。

伟大的事业是人做出来的，人最难的是管理自己。你们诸位也看了我的书，我常常说，做英雄容易，做圣人难。英雄可以征服天下，但是不能征服自己，很难！自己对付不了自己。圣人不要征服天下，专门征服自己。这是英雄跟圣人两个的差别。

暂时就到这里，做个结论：希望诸位做一个了不起的、征服自己的人！这是最大的管理学。

晚餐后答学员问

学员甲：您以后是否不住香港了，都到这边了？

南师：我这一辈子，四处飘零，美国、法国、台湾、香港、上海，都有办事处存在，所以你问我在哪里，不好回答，我是“五马分尸”，常找不到我。你们晓得古人有首诗：“月儿弯弯照九州，几家欢乐几家愁。几家夫妇共罗帐，几个飘零在外头。”我飘零在外头七八十年了，就是这样。

学员乙：老师您回过家乡没有？

南师：我十九岁离开家乡，中间抗战胜利回去了几个月，出来以后没有回去过。

学员甲：我记得您修了金温铁路。

南师：金温铁路在孙中山先生的《建国方略》里就有规划，一百多年来几次都没有修好。

当年，温州市长刘锡荣来找我修这条铁路。

中国铁路，从清朝盛宣怀开始，他办了交通大学，开始修铁路。一百多年来，由清朝到国民党、共产党，铁路都是国营的。你们这些经济博士，把这个账算算看，这个铁路每年损失多少钱？客运、货运都很便宜，因为是国营。如果改成民营，运价改变了，但是税收也可以改变，可以免掉很多税收。

当时刘锡荣市长来找我，他说十几个县、两千八百万人民，把修这条铁路的希望，都寄托在你的身上。哈！他会做政治工作，这一吹，吹得人好像都站不住了。我说你少来这套，那要钱啊。他说晓得你没有钱，但是你一号召就有钱来。我说空话不讲，真要修吗？我这个人想回来对国家有所帮助。我在美国时就讲，你们要找我投资，四个方向可以：第一，农业肥料厂，提高农业基础。结果我找一个学生去考察，他是农业化学博士，他回来告诉我不行，要三千多万美金。后来才知道，实际上五十万美金就办起来了。第二水利。第三电力。第四交通。温州还有些同乡来找我，我说你们做的皮鞋，穿三天就断了，你们那些生意，我不干。这都是二十多年前的事了。

所以刘锡荣找我修金温铁路，属于交通，好吧，我答应，不过有一个条件：我要铁路变成公司。当时，好像公司就是资本主义。说铁路公司化，不可能啊。后来有一本书，现在台湾大学里学投资经济的会参考这本书，叫《南怀瑾与金温铁路》。我说要四个原则：共产主义理想，社会主义福利，资本主义管理，中华文化精神。

我说如果不能做公司，我不干。所以他向中央报告，当时邓小平先生还在，中央奇怪，有人来投资，要做铁路，谁啊？后来知道是我。当时没有这样的，为此就开了先例，外资可以投入国内基础设施建设。

我当时想把金温铁路总公司的地点设在上海，我的目的是到美国去上市。可是当时国内对股票债券不懂，他们不同意。

去签合约的，是李素美。修铁路的钱，是素美的弟弟李传洪拿的。

学员甲：我看很多事都说是孙中山《建国方略》里规划的，孙中山当时规划得这么科学吗？

南师：小兄弟，你去看一下《建国方略》再问。此所以他能够建立一个国家，一个政权。一个人有伟大的思想，他那个基础的蓝图是对的，是这个道理。

学员乙：老师您讲课时有句话：英雄征服天下，却征服不了自己。圣人征服自己，不去征服天下。

南师：圣人征服自己，不征服天下，也不征服任何一个人。还有补充：英雄征服天下，不能征服自己，可是每个英雄都给女人征服了。（众笑）

学员乙：那您觉得做圣人更快乐，还是做英雄更快乐呢？

南师：当然圣人快乐。不过我没有做圣人，我也不是英雄。

学员丙：您觉得圣人对社会发展的贡献大呢，还是英雄贡献大？

南师：圣人贡献大，一切伟大的文化都是圣人贡献的。圣人没有功名富贵的，可是他的精神影响后世。孔子是圣人，叫“素王”。英雄征服天下，所谓天下就是权力、土地、人民，就是国家。不是讲普通的英雄。

学员丁：我有这样一个说法，您看有没有道理。圣人做事，对别人好，对社会好，对自己不一定好。君子做事，既对别人好，也对自己好。小人做事，只对自己好，不对别人好。

南师：你这三个定义都有问题，将来慢慢讨论，很有意思。

学员戊：有没有既做圣人又做英雄的？

南师：有啊，比如孔子所推崇的尧、舜、禹。在中国历史上记载，尧、舜都活到一百岁，道家记载他们都修道的。至于舜的死有问题，他的两个太太到湖南找他，找不到，哭得很伤心，湖南的湘妃竹上面有斑点，传说是她们的泪痕。这是香艳的故事，圣人也有香艳的故事。

最伟大的是女性，世界上每个宗教都是女性代表最可亲可敬，天主教的圣母，道教的西王母，佛教的观音菩萨。这里头有个大问题，人类文化是女性文化。

学员甲：老师，我到印度去，那边的观音菩萨是男的，怎么到了中国变成女性了？

南师：他是三十二种化身，到什么时间变什么化身。他同情女性，女性的痛苦比男人大，女性的慈悲与男人不同。

学员己：请问老师，能否给我们讲讲养生之道。

南师：我不养生。忘掉身体，忘掉自己，甚至忘记了寿命长短，忘记时间、空间。你越是搞身体，希望它长寿，越糟糕了。我告诉你的是真话，是原则。这个原则里头又包含了很多方法，自己要懂得医理等等。比如说，要懂得养气，你研究《孟子》中养气的《尽心篇》。至于说养生的方法，太多太多了。

学员庚：老师我有个问题，您学贯中西……

南师：不是不是，那是你给我加上的。

学员庚：我想问，西方文化一教独大，只有中国是儒、释、道三家并立。西方与中国这么大的差别您怎么看，将来会怎么样？

南师：儒、释、道三家并立是唐以后的事，唐以前不是这样。你这个问题牵涉到宗教哲学，你的问题像西方人的问题。西方人认为中国原始没有宗教，我告诉他们，你错了，中国原始有宗教，中国文化以前的宗教是泛神论，很多神。中国以前就有宗教，孝道，供奉祖先就是宗教。所以我给西方人讲，你们所认为的宗教，不是西方原始的宗教，西方原始的宗教也是泛神论。你们的宗教，人的上面是上帝，下面是儿女，中间是兄弟姊妹，伦理是“丁”字形的。我们中国过去，祖先就是宗教，祖宗、父母在上面，代表上天，中国的“帝”字代表上天，下面是儿女，中间是兄弟姐妹亲属，这个是“十”字形的文化。

研究西方宗教，首先要研究《出埃及记》，“摩西十诫”就是契约，后来契约变成法律。一神教是这样来的，这样统一的，统一不是宗教，是政治。譬如犹太教，用的是《旧约》，不用《新约》，由摩西这个系统来的。基督教是天主教分出来的，有很多派。讲这个，一大堆历史，很多了。

中国上古好像没有宗教，实际有一个宗教，后世简单称为“天人合一”，是泛神的。虽然泛神，不太迷信。佛教来中国，是东汉的时候。以前中国讲儒、道、墨三家，慢慢变成儒、释、道三家。

差不多四十年前，香港的佛教、基督教、天主教、道教的人会合，叫我讲宗教。我告诉他们，什么叫宗教？首先要搞清楚这个问题。人家认为我信佛教，我说我够不上资格。我信一个宗教，睡觉。任何一个宗教，我都够不上资格，可是我都喜欢研究。那么，二十一世纪起，所有的宗教都要脱掉宗教外衣。宗教像军事机关一样，外面挂一个牌子“游人止步”，不准参观。哲学就不同了，你为什么不准我参观？我从门缝里看看可以吧？科学不行哦，你要打开门，我要摸一下看。所以宗教只到这里为止，这个方式站不住了。二十一世纪开始，宗教的外衣要脱掉，宗教的大门要打开了，不然所有宗教都会垮掉。为什么垮呢？不是哪个要反对你，而是因为科技的进步，自然的趋势。

譬如前天晚上在这里，一个医师，专门做试管婴儿培养的，他跟我讨论灵魂的问题。我说好，试管婴儿发展到现在，只有二十多年，人可以拿精子、卵子出来培养人，这个科学一出来，“人是上帝造的”已经受到挑战了，这对教廷很严重。还有干细胞的问题，不扯开了。

学员辛：老师您提到干细胞，我正在投资中国最大的干细胞研究。我是投资医药的。现在看来，在医药的领域，中西文化的对比冲突很严重。我很关心中医的发展。所谓医，一个是药，一个是医术……

南师：还有医理。

学员辛：中国现在的统计，百分之九十以上的人生病都是找西医。可是中国几千年都是用中医治病的，但是中医现在式微，越来越弱了，好的中医越来越少。以后的趋势会怎样呢？

南师：中西医一定会结合的，这是人类必然的趋势。我先答复你这个结论。现在缺真正好的中医，也缺真正好的西医。因为我不是医生，所以这样乱讲，不负责任的。如果我还是医生，不好意思讲这个话。可是，中西医两方面，我的朋友太多了。譬如现在学医的人，基本上已经违反了一个学医的基本原则，都是为了赚钱、职业去学医，西医更是如此。你看现在进医院，他让你这个机器那个机器先检查一通，他不大动脑筋的，这是医工，不研究医理的。许多机器照出来说是癌症，其实不是癌症，结果他给你割一刀，你也不懂。

学员甲：我就曾经被误诊为癌症，差点把腿给锯了。

南师：譬如女性十四岁来月经，四十九岁绝经，那十四岁以前为什么没有月经，四十九岁后的生命又是怎么一回事呢？许多精子卵子没有消化掉的，是变成癌症还是怎么样？都是问题。现在你们迷信科学，一提科学就把你吓住了。其实，现在嘴里讲科学的人，很少真正懂科学。

学员丁：我有个研究，人类的身体、寿命几千年到现在，改善了好多，但是，人类的智慧好像没有什么进步，为什么呢？

南师：几十年前，我在台湾一个大学里讲的，后来出了一本书《新旧的一代》，我讲人类的智慧永远是幼稚的，只有二三十岁，整个人类都没有长大。不论从事科学、哲学、宗教，还是政治，一个人最成功的基本在三十到四十岁左右，到这个年龄，智慧同体能一样，再上不去了。年龄再大，不过是经验的增加，染污的增加。

学员壬：老师，究竟有没有灵魂？

南师：绝对有。不过你叫我拿一个给你看，我抓不来。（众笑）前天来的那位做试管婴儿工作的医生就担心，如果哪个受精卵有了灵魂，被放弃了或者没培养成功，那不是杀了很多人吗？他感到害怕。这个年轻人是个很了不起的医生。

学员壬：灵魂到底什么时候开始的？

南师：这是个大问题。你暂时先看我讲的《人生的起点和终站》。

学员癸：老师，那有没有轮回呢？

南师：有啊。生命分“生”和“命”两个问题，万物很多都是有“生”无“命”，要思想到达某一个程度才是“命”，有思想感情的，这个是“命”的作用。有身体，有这个存在的，这是“生”的作用。动物是有“生”有“命”的。

学员丁：那么，“生”是物质的，“命”是精神的。

南师：你这样下定义也可以。

学员子：世人做善事有福报，福报和功德有什么区别？

南师：功德是“因”，福报是“果”。打个比方说，你们做老板，辛苦是功德，赚来钱是福报。

学员乙：我还是要问圣人与凡人的问题，做圣人是否要牺牲很多做凡人的乐趣呢？

南师：那也不一定。

学员乙：那么，要战胜自己的什么东西，才能成为圣人呢？

南师：战胜自己的行为、思想，乃至对自己的身体、感情等等，都有一个不同的方式去做。

学员乙：有一句话叫做“太上忘情”，这不是没有凡人的乐趣了么？

南师：“太上忘情”这是道家的话，“忘情”不一定是无情哦，它叫你忘情，没有叫你无情哦。你带的皮包里有没有钱啊？

学员乙：有啊。

南师：你刚才跟我讲话，有没有想到皮包里有钱？

学员乙：没有。

南师：忘情了嘛。这叫忘情，不叫无情。譬如六世达赖仓央嘉措的情诗：“最恐多情损梵行，入山又怕负倾城。世间安得双全法，不负如来不负卿。”他不是无情，但是真用功修行时，就忘情了。人家说六世达赖二十几岁在青海就死了，找了一个孩子做第七代达赖。其实他没死，从青海消失之后，十年当中，他到内地、印度、西藏、青海很多地方修行过，后来在内蒙古阿拉善住了三十年，弘扬佛法。

学员乙：您觉得他是圣人吗？

南师：是圣人，是个菩萨。菩萨叫觉有情，所谓大慈悲，天主教、基督教讲“爱”，就是情，真爱，慈悲，就是真多情，但不是你们理解的那个滥情的多情。

学员丑：您怎么看古代男女“授受不亲”呢？

南师：那是古代的礼貌，是《孟子》里的话。但是，孟子同时提出：“嫂溺，援之以手者，权也。”嫂嫂掉下水去了，你要不要拉她？你一拉，男女就“授受”了。但这是应该做的事，这是一个权变、方便，变通的。

学员寅：现在很流行看风水，您怎么看？

南师：风水、算命，现在大家都偏于这个迷信，太可怕了，不要去迷信这个，我告诉你不要相信。风水是个环境的保护与和谐，有没有道理？有它的道理。风与水就是环境嘛，地下也有风有水，避开了大风、邪风，避开了水患，环境安全和谐美观了，当然好啊。但是说风水可以保你发财、怎么好怎么好的，不要迷信，没有这个高明的人。古人已经批评了迷信风水——“山川而能语，葬师食无所”，“葬师”就是堪舆先生，俗称风水先生——土地山川如果能讲话，风水先生就很难办了。

还有他刚才问的医药问题，有句话“肺腑而能语，医师色如土”，五脏六腑如果能讲话，医生就难办了，因为常常误诊的。

风水是一个环境科学，但是现在很多人学得不怎么样，还到处骗钱。

学员卯：那应不应该算命呢？有没有预知未来的办法呢？

南师：可以预知未来，但是一般人做不到的，都是骗人。就算你知道明天会跌倒，你明天就在家里睡觉不出去吗？过去有个故事，一个会算命的大师，算到他喜欢的一个花瓶明天中午会打破，第二天中午他就坐在那里，盯着花瓶。到了吃饭的时间，儿媳叫他吃饭，他说“嗯，知道了”，还一动不动盯着花瓶。过一会儿，儿媳又来叫他吃饭，他还是不理，一动不动盯着花瓶，等着那个时间。叫了三次，儿媳觉得公公今天好怪，不会疯了吧，就用掸子拨了一下花瓶，结果花瓶掉到地上打碎了。他这下悟了，好，吃饭去。他一切都算到了，就没有把自己放进去。人有自我，决定了一切。“我”是什么东西？你的意志、思想，决定了一切。不是头脑，意识不在脑里。

学员辰：老师，星座算命有没有道理？

南师：算命卜卦都是从天文学来的，古代卜卦、算命、看风水，统称星命之学，从天文学来的。古代天文学是怎么一回事，现在人连影子都没有（注：连影子都没有，指根本不懂）。

学员巳：老师，大学堂现在是您的主要工作吗？

南师：我在这里挂单（挂单，是出家人经过寺庙借宿），做客人。

学员巳：那主要工作内容是什么呢？

南师：我没有工作。

学员午：您可以在这里和类似我们这些学生分享您的知识、智能、经验啊！

南师：这不是工作。这是偶然的感情的关系，高兴了，答应了，就办了。所谓工作，是有一个规律的规定，你非做不可，那个叫工作。所以我没有工作，是自由意志。

学员未：老师，太湖大学堂的未来会怎么样？

南师：不知道。我如果知道，就好啦，我就不要那么辛苦了。

学员未：有没有做一些太湖大学堂未来的规划？

南师：没有，绝不做。我一辈子做事，兴之所至，爱怎么做就怎么做，绝不做规划，更不讲管理。

学员申：老师，我和很多同学一样，这次获得了一个启蒙。

南师：不要谦虚。

学员申：我们还有很多朋友也希望接受这种启蒙教育，这次因为我们是张院长的学生，所以能随从张院长一起来接受您这个启蒙教育，而其他很多朋友也想听课，但是您的时间精力有限，如果没有机会来聆听您的智慧分享，是否有其他途径和办法呢？

南师：看书吧。或者有机会就和他们交流。

但是他们很谦虚，不肯出来讲，因为我的要求很严格。我也一直说，我没有一个学生，因为我从不以老师自居，看他们都是朋友，以友道相处。可是他们如果不叫老师，我也骂他们的，因为他们没有礼貌。他们如果真把我当老师看，我也不承认，否则我太自傲了。中国文化，老师和学生是以友道相处，既是父母，又是朋友、兄弟，这个叫老师，我是这样一个人。

所以人家问我，你讲真话，你有没有一个真正的学生？我说没有。为什么？我说我要求文武都会，至少同我一样会，如果打仗可以带兵，武也会，文也会，古人说“上马杀贼，下马作露布（古称文告）”，“下笔千言，倚马可待”，宗教、哲学、科学、吹牛都要会，风水、卜卦、算命、骗人的都要通，无所不通，烟酒赌嫖没有哪一样不懂，然后放下来，可以做我的学生了。我的条件是这样，所以我讲我没有学生。他们道德好的、文章好的，各有所长，那不是我希望的。换句话，做生意马上就会赚钱，如果做小偷，一定偷得来，如果被抓住，就不是我的学生，这是比方。

学员酉：老师，您说邵子神数准吗？

南师：邵子神数又叫“铁板数”，算过去有时候蛮准，未来不一定，这是它的巧妙。其实未来可以知道，他不告诉你，因为“预知者不祥”，也可以说“察见渊鱼者不祥”。

学员戌：老师，气功治病有没有道理？

南师：可以帮忙一下，让你舒服一点。彻底治好？没有这回事，不要迷信。过去我在海外就笑，中国文化怎么变成气功了？像我们过去练武功，武功练好了练气功，气功练好了练内功，内功练好了练道功，道功好了再往上是禅功。譬如现在我在圆桌边上用手掌发功给你，你在圆桌那边用手掌感受，有没有感觉？

学员戌：有感觉。

南师：哈！当然有感觉，因为你手掌靠近圆桌。要知道一个道理：万物都在放射能量。你就懂了为什么手掌会有感觉。

学员辛：我反应不灵敏，每次遇到气功都没什么反应，有些人就感觉当场很有效。

南师：你也不是反应不灵敏，因为你比较健康。身体越虚的人反应越快。还有，年龄也有关系，各人神经反应程度也先天不同。

学员壬：老师，“命”和“运”不同是吗？

南师：不同。“命”是一个固定的程序，“运”是中间变化的过程。譬如这个打火机，同样品牌、同样型号，生产出来很多同样的打火机，这个是“命”；但是每个打火机的“运”不同，譬如这个打火机被张院长买去了，送给最高领袖，它的运气好；同样的打火机，有一个被丢到厕所去了，它的运气就不好。

学员乙：老师，现在讲中国传统文化，小孩子应该怎么学呢？

南师：中国古代的教育，从胎教入手。我在《原本大学微言》中提到，中国文化五千年，靠女人、靠母性维持的。所以每个圣人、英雄后面，一定有个好的妈妈，母教很重要。中国古代教育，从胎教开始，女人一怀孕，看的、听的东西、行为都不同了。教育从父母的家教开始，靠学校绝对错误。我们小时候出来，到人家做客，人家就说："哟，他是谁家的？家教很好的啊！"现在的教育，最好家庭的孩子，受的是最下等的教育，尤其是香港的家庭，孩子交给佣人带，还会有好的教育吗？教育要母亲亲自带的。不只孟子，好的孩子差不多每一个都有好的母亲带。好了，他们催我，时间过了。

张维迎院长：非常感谢南老师！使我们终生受益匪浅。回去大家再研究南老师的书。

南师：不要那么谦虚，那么客气。对不起哦，我乱七八糟讲一顿。我那些书是骗钱的。

学员乙：刚才我们也在提议，因为这次来了许多企业家，他们在各行业也都在探索实践，这次听了老师的课，大家都说这是我们同学会的一个品牌，大家准备把您的理论应用到实践中，半年后把感受汇集起来报告给您。以后的日子，比如说半年或一年，会有一次书面的报告。

南师：好啊，欢迎你们来玩，我们是开牛肉店的，专门吹牛的，哈哈。好啊，再见。

国学与中国文化

2007 年 11 月 15 日

第一堂

缘起

国学 中国文化 国粹 汉学

始皇坑儒 项羽焚书

中国历史上的文化断层

什么是“汉学”

我不过是“白头宫女”

学国学的第一步——诵书

中国文化与西方文化

文化先进或落后的伪标准

文字是中国文化宝库的钥匙

缘起

孙家洲院长：尊敬的南怀瑾先生，在座的各位女士、各位先生，人民大学的各位老师和同学们，今天我们人民大学的师生一行五十一人，专程自北京赶到太湖大学堂，来当面聆听南怀瑾先生的教诲。这是南怀瑾先生给我们的一个特别的安排，在此，请允许我代表人民大学国学院的全体师生，对南怀瑾先生的厚意表示衷心的感谢！人民大学校长纪宝成教授，本来是一定要与我们师生同来受教，碰巧教育部、中组部的例行巡视团到人民大学，所以他这次没有办法赶来听南怀瑾先生的课，他专门嘱托我，让我向南怀瑾先生表示问候，表示感谢。谢谢南先生！

南怀瑾先生对于我们在座的每一位女士和先生来说，都是一位令我们非常敬仰的人，他是当今著名的国学大师，密宗高人，也是心忧天下的名士。我们能够有机会当面聆听先生的讲座，真是备感荣幸！祝先生身体康泰，为中华民族，为中华民族文化的繁荣昌盛，起到不可替代的作用！我们希望今后有更多的机会，再次前来聆听先生的教诲。谢谢！

南师：诸位请坐。抱歉！轻松一点，不要那么严重。今天我们有幸在这里聚会，看到诸位国家未来的优秀人才，我想起了《滕王阁序》的八个字："胜友如云，高朋满座。"我们今天讲的是国学课，离不开国文，在古文这八个字，拿现代白话文来写，就是一篇文章喽！

这一次的课题，是讲国学与中国文化的关系。三四个钟头讲不完的，只好尽量的简单扼要。

这次课的缘起，刚才孙院长报告了，是贵校的纪宝成校长给我出了三次题目。开始成立国学院的时候，他很担心，学术界很多人攻击他，认为他开倒车。他来跟我谈了几次，一定要我到北京参与这个工作。我年纪实在大了，现在是哪里都不去。你们讲国学的，我讲两句诗给大家听：

老来行路先愁远　贫里辞家倍觉难

这是金元时代的大名士、大文学家元好问的诗。他当时生活环境不好，因为金朝亡在元朝手上，所以元好问的诗有国破家亡的感受。这是他晚年的诗，我年轻时看到很有感想，你看这两句话如果写现在的白话文，一大篇了，不得了。在古文的诗，十四个字就讲完了，把所有的心境就表达了。

我刚才讲到纪校长两三次要我到北京，他非常诚恳，我推辞了。然后他跟孙院长一起来，约定到这里上课。这是很对不起大家的事，千里迢迢到这里来，很抱歉！

现在在座中国另一位校长，就是中国科技大学的朱清时校长，他同纪校长两个人在这个时代都感受到痛苦，朱校长是学科学的，他现在想把中国最新、最前沿的科学跟旧的科学结合研究，把生命的科学跟医学，尤其是中医学结合，他的志向很大，而且把认知科学、生命科学同中国的儒家、道家、佛家结合研究。校长这几年在努力这个，他所遭遇的批评比纪校长还严重，好像科学家、各方面对他都是加以……不说是攻击吧，但至少很难受。

可是我非常佩服纪校长和朱校长，他们不顾一切为中国文化默默无闻地在努力，所以我特别请他上来高坐在旁边，代表他自己，也代表了纪校长，两个人的精神是一样的。

国学 中国文化 国粹 汉学

交代了这个前提，现在长话短说，今天我们要讲的这个题目太大。你们成立了国学院，这是个创举。最近看来人民大学国学院好像影响蛮大，据我所了解，全国各大学现在产生一个新的潮流——国学热——国学变成热门了！中国文化变成热门不过一年多、两年。据说，很多学校兴起国学班，报名的都是大老板们，学费听说十几万到二十万。哟！炒股票一样，国学的股票炒得这样热！这消息准确不准确我没有去深问，可是社会上的确流行国学热，这种情况是好吗？坏吗？

我们观察一个时代、一个社会、一个历史的演变，热门是好是坏很难下定论。至少我们今天的社会有一个莫名其妙的事，一个新的课题，或者是冷饭新炒，变成蛋炒饭上来，也轰动一时。我希望大家冷静地研究这个问题。

提到国学问题，有几个问题是需要我们解决的。首先诸位同学要注意，什么是中国文化？

譬如大家都讲中国文化，甚至讲我们中国文化的特色，中国文化的特色是什么？我们能不能用一两句话，最多三四句话把它答复清楚呢？几乎很难。因为前提没有一个定论。

“中国文化”是什么？这个名称怎么来的？这是最新来的哦。人民大学用的不是这个，而是“国学”。国学是几时来的？又是个问题。什么是国学？当然，我们严格以逻辑来讲，每一个国家自己的文化都可以称为国学，美国的国学，英国的国学，日本的国学，中国的国学。那么，我们中国的国学是什么东西？又是个问题，同中国文化问题一样。

另外一个问题，国学连带有一个旧的名称，

叫做“国粹”。“国粹”是梁启超他们搞出来的，这个名字用了一下已经不用了。

还有个名称，很严重的问题，我们常常讲自己文化是“汉学”。“汉学”是外国人叫的。真正在中国文化的内涵里，早就有“汉学”这个名称，这是指汉代的学术研究，汉代人研究经、史、名物、训诂、考据之学。汉学并不代表中国文化。

为什么汉代人研究这个呢？

始皇坑儒 项羽焚书

秦始皇以后，同我们这一代一样，文化破坏了。大家都知道秦始皇焚书坑儒，把书烧了，把读书人埋了。不过这个罪过不要给人家加得太大。秦始皇是做过这个事，但是你研究历史，我说这也不全是秦始皇干的，是他的干爹吕不韦、宰相李斯一起干的，秦始皇年轻啊！他没有把全国的知识分子杀掉，也没有把全国的书烧掉，他把全国的书集中到首都咸阳，学术要加以清理，民间不准流传。

我们现在读书有“博士”，他那个时候成立博士官，“博士”这个名称就是从那个时代开始的。汉朝也有博士，那是根据秦代的称呼。博士就是专家的意思，通一经一论。我们中国人一听博士，好像什么学问都懂。不是的，在秦汉开始是称专家，成立了博士。

那么，秦始皇召集这些博士讨论学问，谈论对时代政治的意见。中国人开会，外国人开会也差不多，中国人更严重，开会时“诸位委员还有什么意见吗？哦，没有一个人说话，散会”！出了门就说：“不行的啦！”“那刚才怎么不讲呢？”“不好意思嘛！”中国的民主所以搞不好，就是因为当场乖乖的，背后意见多得不得了。史书上讲秦始皇几次叫博士们开会研究，征求意见，大家没有话讲。开会以后，出来“腹诽”，肚子里讲话，一肚子意见，下来乱讲，诽谤了。秦始皇一气，就杀了他，讨厌嘛，请教你不讲，背后去捣乱！所以秦始皇的焚书坑儒，好像把中国文化搞没有了，其实并不是这样。

真正破坏文化的是项羽，他老兄二十几岁做

全国的统帅，一战成功，自称西楚霸王，看到咸阳宫那么大的建筑，看到这些图书（秦始皇把全国的图书集中在咸阳），一把火把它烧了！这个罪过不是秦始皇，是项羽干的事。

你们讲中国文学，我给你们讲一首诗，关于秦始皇烧书的。中国文学离不开诗词哦，很重要，所以我也常常提醒外国朋友，你研究中国文化，研究中国哲学史、中国的文化发展史，你不懂诗词你谈都不要谈啦！中国是个诗人国家。现在人有没有做诗啊？现在你们手机上都有的，什么五块就五块，十块就十块，很多的段子。这个国家民族的诗才，现在用去编段子了。

清朝末年，就是慈禧太后、李鸿章把台湾让给日本这个阶段，湖南才子易实甫，为了这个要跑到台湾，领导大家跟台湾一个名士邱逢甲一起，准备起兵跟日本人打。易实甫是个才子，有一首诗讲项羽的，非常好：

二十有才能逐鹿　八千无命欲从龙
咸阳宫阙须臾火　天下侯王一手封

“二十有才能逐鹿”，项羽起兵逐鹿中原，

只有二十岁出头，他是楚国高干子弟，刘邦是平民。“八千无命欲从龙”，他带了楚国人，安徽、江苏、浙江的，八千子弟，都是江东人，南方人，想起来推翻秦始皇政权。“咸阳宫阙须臾火”，咸阳宫，我们看古书，你研究秦朝的建筑，说那个宫廷的门，人骑在马上拿十丈的旗杆过咸阳宫的大门，那个建筑现在很少见呢！修了多少年的咸阳宫，那么了不起的一个宫殿，他老兄项羽来一把火烧了。假使留到现在，你说观光门票价多少钱？可惜八千青年跟他白搞了。项羽成功不过二十几岁哦，我们后来叫汉朝汉高祖，汉是他封刘邦为汉王的，天下这些诸侯是项羽一手封的了！高干子弟就是高干子弟，这样的威风。

我们看戏《霸王别姬》，为什么八千子弟那么可怜，最后自杀呢？如果项羽在咸阳做西楚霸王，就不会有刘邦的汉朝了。项羽为什么失败了呢？高干子弟！年轻人好玩，咸阳没有卡拉 OK，江南有卡拉 OK，有好汽车，有好吃的，尤其南方人到了西北吃锅盔，吃大蒜辣椒，没有海鲜吃，这个受得了吗？所以他老兄就讲一句话，“富贵不归故乡，如衣锦夜行。”（你们学国学的，注意哦，读了历史这些书，都是原文，要背来哦！）所以他封完了天下就回去！回江南，至少回到江北一带。为什么？换句话说，格老子发了财了，天下第一！嘿，在西北跟这些乡巴佬有什么意思！回到江南，至少有我的朋友焦晃啊，我的朋友朱校长啊，回去看看，格老子二十几岁，嘿！富贵要回到家乡给人家看看，格老子，要玩一把，所以，封了天下以后回来。

一回来，汉王出兵，张良、韩信帮刘邦出兵了，就怕你不回去，你一回去，正好，屁股后面杀来了，完了！就这么一回事。

中国历史上的文化断层

我们现在讲国学，不要讲开了，不是说历史，就是告诉大家，这个时候，中国文化断层了！所有图书在咸阳被项羽一把火烧了。中国读书人不是全体死完了，民间虽然还有很多，但是等汉高祖出来，我们的文化还是断层的。

从秦到汉这一段的社会经济贫穷痛苦，汉文帝上台，用道家老子哲学四个字“休养生息”发展经济，丰衣足食，让老百姓有饭吃。古文“休养生息”四个字，拿现在写经济学大概一大堆，各种理论都出来了，出版社都来不及出版。所以你要研究国学，读书要注意，读外国书也好，中国书也好，中国人讲读书，要顶门这里有一只眼睛，智慧之眼，把历史看通，把书看穿。

汉文帝上来，休养生息，乃至自己提倡俭省。历史上讲他穿一件皇帝袍子，穿了二十年，还补过，走道家哲学的路，非常俭省。反照我们这个时代，大家都在浪费。这就是历史要借鉴的，读古书学国学要注意这个地方。

汉文帝那时没有恢复文化，到他儿子才开始的。他走的是“休养生息”，道家的思想，安定第一，和平发展第一，充实国家。其实汉文帝做皇帝只有二十几岁，而且他自己写信给南越王赵佗。当时长江以南的势力，他的政治力量几乎还没有达到，北方又有匈奴，西北、东面朝鲜一带也有问题啊，还谈不上日本。文帝很痛苦的，二十几岁的皇帝，把这个天下安定下来。

汉武帝一上来，改变了祖父的政策，不走道家“休养生息”，而是扩展势力。并不是汉武帝不对，因为时代不同了，演变到这个时候，不能不改变，因为受不了南面有问题，北面有匈奴问题，西北也有问题。国家经他祖父跟父亲三四十年的充实，社会安定，经济充实了，够有力量向西北发展。这样，汉武帝时期才开始恢复中国文化，开始注重儒家，孔孟之道。

这一阶段等于我们一样，从推翻清朝、推翻了中国旧文化以后到现在今天，九十六年。我们看看这一段历史，从推翻秦始皇以后，由汉朝建立，到汉武帝恢复中国文化（不是儒家就代表中国文化哦），我们拿历史来做对照，是经过了七八十年以后才恢复中国文化。

什么是“汉学”

现在我解决一个问题，所谓“汉学”，是这个时候的学问，叫“汉学”，不叫“国学”。为什么讲汉学呢？恢复中国文化，包括四书五经，每一个字为什么这样写？这个字是什么意思？譬如“中”，为什么这样一个圈圈一竖，叫做“中”？要研究就要看汉学的研究。一个“中”字，拿我们现在，要几万字的研究文章。实际上这个“中”字很简单，世界上就是天下一圈，我夹在中间。可是这个文字的内容很多了，这叫研究中国文字的来源，从上古到现在的发展，我们中国文字怎么来的，开始有图案的。

我还请那位谢教授拿来中文的图案，譬如说，我有个老朋友叫吕佛庭，河南人，已去世了。他是画家，文字学家，也曾出过家，自称“半僧”，是个学者。他晚年拿给我看《文字画研究》，我看了后说：“老兄啊！你赶快做，把中国文字赶快画出来，一幅一幅，太宝贵了！”现在在我们图书馆这一套书，由台湾跟我搬到美国，从美国回来又跟我到香港，从香港回来又跟我到这里，这套书搬回来的成本不晓得多少。我前天想到讲这个问题，叫谢锦扬找出来，他马上找出来三本。你们研究国学的同学们，如果研究文字，继续他的工作，你了不起了！又可做个画家！

研究汉学，讲文字学叫“小学”；一个文字的注解是什么呢，这叫训诂。

清朝末期西方人，德国、法国、英国人，研究我们中国文字，先从汉学入手，他们很扎实的。我们的四书五经英文都有翻译，我图书馆里都有，当然同现在英文不同，他们是研究汉学。

我们中国人不懂这个道理，在外国问你是学什么的，你说研究汉学，意思是讲自己在研究中国文化，这两个名称是“似是而非”，牛头不对马嘴！大家明白了吧？汉学是这样一个意思。现在我们中国人讲自己中国是“汉学”，看了令人非常非常的遗憾。

我不过是“白头宫女”

这是讲在前面的话。讲到中国文化，刚才孙院长也介绍，报纸也讲“南怀瑾是国学大师”，我每次看到这个脸红得发黄，红还不够，还发黄，黄了还发青，自己觉得很难过，我算老几呀?！什么都够不上。所以每一次上课演讲我都先说，我今年活到九十岁了，我的一生八个字："一无所成，一无是处。"还国学大师呢！那个"大"字上面多一点吧，"犬"师，狗师差不多！我真的很反对这个过誉的名称。

我比方自己是什么呢？唐人有一首诗，写一个宫女，我不过是中国文化的"白头宫女在，闲坐说玄宗"啊！我不是大师，也不是国学家，什么都不是，只是从小喜欢研究自己的文化，研究人类的文化。不过年纪活大了一点，人活大了好像也有好处，大家就给你戴高帽子了，因为怕冷嘛！帽子就太多了。

唐人另有首诗怎么说呢？

竟日残莺伴妾啼　开帘只见草萋萋
庭前偶有东风入　杨柳千条尽向西

"竟日残莺伴妾啼"，这个宫女进了宫以后，皇帝前面漂亮人很多呀，进了宫里也许跟皇帝有了一次关系，或者半次关系，住在宫里，几十年就老死在那里了。这个宫女在皇宫里头，"竟日"，一天到晚，什么是对象呢？一只鸟！天天对着院子，"竟日残莺"，老的黄鹂，"伴妾啼"，她在哭，它也在叫。“开帘只见草萋萋”，打开窗子门帘前面都是草。“庭前偶有东风入”，入了宫的宫女，跟皇帝有了一次关系，也封了妃子什么啊，没有用，一年三百六十天不晓得他哪一天想起来找一下，庭前不要说没有看到人，鬼都看不到。“庭前偶有东风入”，你注意这个“偶”，偶然，或者皇帝经过门口，在门口看一下，啊，你都好吧？他又到别一家去了。“杨柳千条尽向西”，我非常欣赏这一句话，形容我自己的一生到九十岁，全世界、全中国的人都向西方文化学习，学外文去了。所以我自比，这一首诗形容我的一生。

学国学的第一步——诵书

你们学古文学诗要晓得朗诵，千万注意！你们国学院的同学们成立了个诗社，这个诗社写信给我这个老头子，找到白头老宫女。我也很鼓励他们，不晓得他们来了没有。

中国人读书朗诵，你们既然学诗，学国文，还是要朗诵。所以，一个大学、一个书院里头要书声琅琅。那么，各地朗诵有各地的读法。我现在给你们示范一下，我们读这个书，一读就背下来了，这就会做诗了，它是有音韵平仄的（南师示范朗诵“竟日残莺伴妾啼，开帘只见草萋萋”）。为什么这样朗诵呢？看到这个文字，自己把身心都投到那个画中去了！算不定读了这个诗，自己一感慨会掉出眼泪。譬如我觉得，我的一生就是这一首诗。玩了几十年，现在你们大家叫我国学大师，我可做了白头宫女。全中国人喜欢搞西方的东西，谁来搞中国的？“庭前偶有东风入”啊！是代表自己的了。可是呢，全社会“杨柳千条尽向西”！

学国学，我主张千万注意朗诵！如果只是照现在看书的方法看啊，我相信基础打不稳，没有用！我是这一种念法，现在我请宏忍法师用国语，用闽南调的念法念一遍。所以这个朗诵没有规格的，你自己可以编，去唱。可惜我手边没有带来，在台湾已经有编好，各地很多朗诵诗的声音，自由发挥的。你找我们有名的朗诵诗词的大师明星焦晃，他坐在这里，等一下请他念一下，

他的朗诵又是一种了。现在我们请宏忍法师用闽南调念一下。（宏忍师朗诵）

这是闽南语的念法，福建的念法。台湾的念书方法，哪怕日本人控制了台湾五十年，小孩念书还是一样的。大师啊，来一下，你临时表演，我们的好朋友，这位焦晃先生你们都认识的，演康熙皇帝的。（焦晃先生朗诵）

这是告诉同学们，你研究国学啊，诗文都要朗诵，千万注意！朗诵有个什么好处？你不要管你自己声音好不好听，又不是唱歌，歌是给人家听的。所以古人叫读书，在书房里读书吟诗叫“无病呻吟”。有时候啊，自己看到有感想，吟诵“竟日残莺伴妾啼，开帘只见草萋萋”，是自己对自己的欣赏。你这样一次读书，等于你们现在看书一百次，千万注意！不然你书是看多了，记住没有呢？记不住。这是讲国学嘛，所以古人叫“读书”，读出来，读的方法里头一个默念，一个朗诵，朗诵就是开口念，这叫读书。北方叫“读书”，南方叫“念书”，这样念书，心里、脑子里会记得深刻，心情也很愉快，心理情绪自然得到调节。这是学国学的第一步。

你看，本来只有三四个钟头讲，我现在等于序言都没有讲完，只解释了一点，现在切断，不发挥下去了。回转来，我们刚才讲三个问题，什么叫中国文化？什么叫国学？什么叫汉学？先把这个问题解决清楚。

中国文化与西方文化

那么，中国文化是怎么讲起来的？是最近几十年讲起来的。国学还是推翻清朝以后开始的，二十世纪初期到现在。你注意，我再提一下，推翻清朝到现在九十六年，还不到一百年。我说中国文化给“五四”拦腰砍了一刀，后面就不讲了，拦腰砍断还有个根，给人家又把根挖掉了。现在我们要恢复文化，重新追根，重新来！

“中国文化”这个名词是最近起来的，是对应“外国文化”而言。所以说要了解世界上的四大古国文化——中国文化、印度文化、埃及文化、希腊文化。我们现在讲西方文化，美国人、英国人，他们自己说是从希腊文化系统下来的。

我在美国也常常笑他们，你们从希腊文化系统下来？用上海话说是“勿搭界啦”，搭不上的，瓜棚搭在柳树上。你们美国立国不到三百年，而且当时新大陆开始，你们都是各国没有饭吃的跑到这里，发展新大陆田地，没有文化的。今天你就能代表西方文化了吗？西方文化要从拉丁文、希伯来文讲起，不是英文就是了。

说到西方文化，有一个经典要注意，《摩西出埃及记》。西方文化是天主教、基督教的天下，不像中国有儒家、道家。摩西出埃及，诸位同学晓得是什么时代？比周朝还早，商朝的时代。摩西出埃及，就有关于现在以色列、耶路撒冷这些问题了。摩西先建立“摩西十诫”，西方文化以“十诫”为基础，以宗教为基础，“十诫”也可以讲是宗教的戒条哦，一直影响了整个西方文化，注重契约行为。因为注重契约行为，而注重民选，民主选举从这个发展而来的。我今天特别给大家提出来。契约行为构成了西方宗教行为、法律行为、民主行为。

中国文化不然，开始就一朵花一样，长出来

是自由的。所以真讲中国，从上古以来就是自由民主，与西方的自由民主不同。道家讲道德，儒家讲仁义，它不像“摩西十诫”，不是戒条，而是做人行为的目标，从普通人的行为道德到追究生命最根本的问题，从政治文化的基本到最高理想，从普通生活到哲学、科学、宗教合一，追究宇宙生命的根本问题，都有目标和方法，与西方文化大不相同。

文化先进或落后的伪标准

那么，能否把科技、物质的是否发达，是否挨打，作为文化先进或落后的标准呢？这样问好像比较难思考。打个比方说吧，一个人会赚钱，或者知识、技术、才能很多，这个人就必定会做人做事吗？就必定有智慧吗？就必定人格健全、品质高尚吗？恐怕不一定，而且非常不一定，对吧？因为根本不是一个逻辑，上海话“勿搭界啦”。你硬把它穿凿附会在一起，那是个情绪化的观念。但是，中国乃至全世界两百年来都在这个心理情绪中，理论还多得不得了。

再譬如说，我们历史上没有特别提倡发展科技、物质，而是有深意地控制它的发展，乃至中国即使发达过那么长的历史，也从没有侵略过人家，能否因此而推论中国人就很傻瓜，文化就落后，政治就腐朽？这也是逻辑不通的，“勿搭界啦”。可是一两百年来，都在这个范围里闹，可见人类的智慧水平永远年轻。

那么，一两百年前，中国人被强盗们打昏了头，所谓胜者王侯败者寇，彻底怀疑自己的情绪，终于演变成了政治和文化内乱，一乱上百年，搞不清也来不及搞清自己的文化，更搞不清西方文化，就莫名其妙地“杨柳千条尽向西”了！反过来，西方人更不懂中国，他们怎么讲怎么讲，中国人就跟着随声附和，简直是笑话！这个里头检讨起来，问题很大，很多。将来的历史怎样评价这一两百年的中国乃至全世界的文化，还不知道。

文字是中国文化宝库的钥匙

话不要扯开了，我们今天讲中国文化，那

么，文化的基础是什么？我的定义是：言语、文字、思想（思维方式）、生活习俗，这四个要素的构成就是文化。至于政治、教育、军事、艺术、文学等等，那是后面的事。

如照孔子当时的分科，它是以德行、言语、政事、文学四方面来概括人文文化。

比如说文字，中国秦朝第一功劳是统一了中国文字。春秋战国以前是书不同文，各地的文字，河南、山东的，南方、北方的文字，不统一，不方便交流。言语更不统一。车不同轨，两个车轮的间距不同，路上的车辙就不同，不方便交通。文字的统一，从春秋战国期间已经开始，到秦朝正式统一了。中国人非常伟大，这个文字统一影响了整个的亚洲，影响了朝鲜、韩国、越南乃至东南亚各国到日本，统统是汉文化的天下。可见文字统一影响的重要！

现在我们自己在破坏文字了，给人家也看不起了，研究自己文字来源的“汉学”也不知道了。譬如写一个“麵”吧，写成这个“面”，到馆子店里吃什么？那个“麵”用这个“面”代表，好稀奇哦！变成吃脸，这个算什么文字？好多好多唉！譬如说孔子云，那个“云”字一打出来繁体字变成天上的“雲”了。自己破坏，很丢人！注意哦，文字统一！

当年一个哈佛大学教授问我：“我问你一个问题，历史上一个国家民族亡掉，是不是永远不会翻身？”我说：“不错，你们西方历史是这样。”“那对不起，我请问你们中国，几次亡国几次什么，这个国家永远存在，理由是什么？”我说：“那你西方人不懂，统一！”他说：“什么叫统一啊？”我说：“文化的统一，文字的统一。”他听了愣了：“嗯，有道理。”我说你看整个的欧洲，到现在德文、法文、西班牙文，什么文，各种文还不同的。英文字，你说英文明明是Yes，到了美国不叫Yes，叫Yeah了。你们大家说自己“我在学英文”，我说你们还有资格学英文啊？一百年以前的英文你就看不懂了。可中国几千年都是这样的。

言语统一，也是大问题。文字下面就是言语，言语统一是靠这一代！我们全国的言语到现在还没完全统一，这两三千年文字统一了，言语现在才开始统一，还没有完全统一。

你们研究国学，要非常注重汉学，对文字学要研究清楚。汉代就有《说文解字》。再譬如，我说对中国文化的贡献清朝最大。满族入关，为了文字，康熙时编了一部《康熙字典》，把全国文字都编进去了。你们学国文，千万不要离开《康熙字典》，你翻开看看。《康熙字典》你们大概也不会查，里头一共四万七千多个字。我们中国人真正常用的文字，几千年来，只有一两千个字。如果你们诸位能够默写，不要任何书本，都记得起来，自己一个人写得出来一千个不同的中国字，你的学问不得了了！康熙、雍正、乾隆，给中国文化贡献很大很大，太大了！例如《古今图书集成》、《四库全书》等，《康熙字典》属于其中一个贡献。你看里面有注“唐韵”的，是代表唐朝读什么音韵。现在用广东话、客家话来读是唐韵，广东话、客家话是唐朝的国语。福建话是五代到宋代的国语。还有注“集韵”的，是当时普通话读什么音，“广韵”是当时广东南方的读音，它都有。

中国晓得语言会变的，所以把几千年的文化，诸子百家等等，用两千多个字保留，后世读三千年五千年以上的书没有问题。你去看看英文，十几万字，英文也好，法文也好，德文也好，一百年以上的古文他都不懂，非专家不可，因为言语十年二十年变动很大了。

譬如我们现在年轻人讲的话，我们听不懂，年轻人有年轻人一代的语言，他们讲悄悄话，公开对我们讲，我们也听不懂。中国古人晓得言语一二十年就变动很大，因此把言语变成文字，我们现在叫它是古文，其实不是古文。古人把文字变成个系统，一万年以后读了这个书，跟一万年以前的人交流对话，没有空间、时间的距离，这就是中国文字！

这个伟大的文化宝库，保留了几千年多少中国人的智慧、经验、心血啊！而且古人写书是用毕生的心血写的，留给后人作个参考，非常小心谨慎。哪像现在人随便写书，东拉西扯就是一本书，有一点小心得就吹得不得了，当成真理了。

现在人随便批评中国文化，请问你读过几本古书？就算你读过，你读懂了吗？而且那几本书就代表中国文化了吗？笑话！西方文化你也不懂，留学几年就懂了吗？你只看到皮毛的一点点而已，回来就说西方如何如何，也是笑话。英文是两次工业革命以后才流行的，你要研究以前的西方文化，还要研究拉丁文或希伯来文。

所以说文字重要！你们学国学第一要注意这个！这是中国文化宝库的钥匙！钥匙找不回来，不要谈宝贝了！对音韵“小学”不通，国学怎么学啊？如果以我的经验劝你们，像我读书的经验，老实讲，我文武的老师很多，但真影响我的没有几个，真影响我的还是《康熙字典》、《辞海》，就靠自己尽量地研究。你们读书，要拿出这个精神来研究。

先休息十分钟，大家累了。

同学：请起立，谢谢老师！

第二堂

万古通晓的文化体系

同学：请起立。

南师：诸位请坐。刚才讲到研究国学、中国文化问题，我的意思，中国文化的定义有四个要素：言语、文字、思想（思维方式）、生活习俗，这些综合起来，包含了政治、经济、军事、文学等等，都在内。所谓中国文化，是相对于外国文化而言，全世界有四大古老文化——印度、埃及、希腊、中国。所以研究中国文化，不要忘记了与其他文化对照。

我常常拿一个国家的文化跟中国文化做对照，就是印度文化，它非常高深。如果以我研究宗教的立场，所有世界上的宗教，包括摩西出埃及建立的文化世界，都是从古印度文化影响的范围来的，所有的宗教都是从印度来的。中国文化跟印度文化同样是古老文化，我们开始不用宗教，而用科学，用数学、天文等等建立了中国文化。但是印度文化没有像中国文化这样，用统一的文字记载了几千年的文化内容，很可怜的。四大古老文化的比较研究，其实问题很大很多，今天我这样轻易带过去，不多谈了。比如我们现在全世界通用的数字 1、2、3、4、5 到 10，原始是由印度传到阿拉伯而发展出来的。

我们要了解自己的文化是这么一个特别的东西，掌握了这套文字的钥匙，一万年之后的人，读古人的书，没有时间距离。所以说文字语言特别重要！

先研究“小学”

那么，研究文字先要研究“小学”，我们的文字学，最有名的一本书叫《说文解字》，汉朝许慎著的。讲中国的文字有“六书”：象形、会意、形声、转注、假借、指事，六个方向。

我们看象形字，有些是图画来的。

很多字是形声字，根据自然的法则，譬如“江”跟“河”，我们读“江”是照现在国语发音，照广东发音，念“刚”，模仿长江流水的声音。河，“呵”，模仿黄河流水的声音。都是“水”字旁，旁边加一个字不同。形声来的有很多文字。

会意，许多中国字一个字指多方面，你一联系上下文就知道是什么意思。譬如我们听声音的“听”字，有时候在古文里这个“听”字不念平声，而是去声，“任其自然”的意思，是会意来的。

“六书”配合《康熙字典》，中国文字三个月你就搞通了！像我当年研究小学训诂，用了一个月，可以读书了。像现在的教育方法，天天上课，搞通文字了吗？不知道。

中国的书院

现在还有很多学者来找我，还有很有名的学院，我不报名字，最近常来。“老师，我要办书院。”我说：“好啊，为恢复中国文化办书院。不过你读过书院吗？”“没有。”我说：“对了，你没有读过书院，什么叫书院你懂吗？”

我说，书院以个人导师为主。譬如朱熹办书

院，湖南有岳麓书院，福建有白鹿洞书院，以朱熹为标志。清末民初有名的无锡国学专修馆，是以唐文治先生为主导。后来如清华大学讲国学，是因有陈寅恪先生而声名鹊起。而书院上课，不是你们大学这样上课啊，它是一个老师为主的。我是读书院出身，在书院跟老师读书时，有时候老师个把月不讲一句话啊，他读他的书，我们读我们的书，等他想到了要给我们上课的时候，一讲起来三个钟头也不停。我们说老师啊，饭菜都冷了！他说，不要慌了！他兴致没有完。书院是学生生活、学习、做事都跟老师在一起，老师有一个心得发现，嗨呀，滔滔不绝地告诉你！有时候他不讲话，你自己研究。然后你讲话给老师听，他也静静在听你的，除非说你错了。如果没有错，“咦！你讲得有道理哦！呵呵，孺子可教也！”会这样奖励你。

所以书院同佛教禅宗教育一样，四句话，“见与师齐，减师半德”，你的学问见解跟老师平等，“减师半德”，你只算一半。老师一百分，你只有五十分。为什么？老师起码比你大个一二十岁吧，大个十岁吧。等你再大十岁，老师的学问又增加了。“见过于师，方堪传授”，你的学问见解超过了老师了，好学生！他把所有学问经验都告诉你，否则你消化不了，没有用。所以我说人家问我：老师！你有什么学生吗？我说我现在半个也没有！要“见过于师，方堪传授”，才可以传经讲道，倾囊相授。哈哈！最近有人对我说，有一个人自称是我学生，而且出了书自称“见过于师”啊！

所以做学生写信给老师不称“学生”，而是“受业”；那么老师回学生的信不称“老师”，而是“友生”，我是你的朋友，老朋友，代表了师生之间的关系，这是中国文化！

尺牍与师爷

你们现在学国学，先好好地把中国的尺牍学一学，学会写信。我说中国文化明清六百年间的政治，是靠秘书的，靠师爷，好的秘书是辅导老板的。清朝三百年，满族人文化程度不够，是靠绍兴师爷。实际上清朝三百年治天下，是三百年浙江人治天下，绍兴师爷！学国文的讲，师爷做得好就是宰相。我说现在大家很可怜，连信都不会写，怎么说？“尊敬”是西方文化翻译，“亲爱的”啊、“达令”啊，“亲爱的某人”，“尊敬的南老师”，你还不认识我，我值不值得尊敬啊？“南老师：”冒号点两点，我还看成“南老二”呢！姓南的做老师的也很多哦，南老师是个代号，你写给谁？我可以不看，也不回你的信。下面那签名呢，呵，现在的签名比米南宫的草书还难认，我还要请一个专家来考证，这什么字啊？而且不用姓的，譬如讲“王文明”，他“王”也不写，来个“文明”，叫“文明”的很多哦，我晓得你文明不文明啊？现在没有规矩，这个文化算个什么呢？

所以告诉你们从“小学”开始学起，文字、音韵、训诂，你们只要花两三个月时间，就可以读古书了，变成大学问家。

教授与“叫兽”

现在你们读了硕士、博士还在上课，我觉得

很好笑。原来的西方教育制度，大学本科毕业，已经写论文了，硕士、博士不上课了，同书院制度一样，导师制的，跟一两个老师研究专题。民国初期，还保持这个风气。

那时候，一个大学教授四百块钱银洋一个月，银洋，银子打的。以金为本位，一块银洋换算了是十毛，十个角子，上海叫十毛，一毛换三十个铜板，一个鸡蛋一个铜板。教授们四百块，做国家的部长四百五，多一点点，一天吃鸡鸭鱼肉不到七块钱，买一套英国的西装料做得最好，不到七块半八块钱。

那么，大学教授上课，一个礼拜不会超过六个钟头。然后，教授们出来坐的是黄包车，前面两个红灯，坐在上面大咧咧的比总统出来还威风。前面一个车夫跑，叫着“喽……”大家看见：哦哟，教授来了！

现在是什么？现在的教授，社会上有戏称是“会叫的禽兽”！老的是“老叫兽”，年轻的是“小叫兽”！现在教授是个代号，给人看不起，哦，“穷得像教授一样！”这是什么文化时代?!

儿童经典读诵工程

我话又多讲了，对不起，讲开了，讲到这个文化、这个时代的演变。“小学”，你们千万注意，讲国学先把这个学好。还有，多朗诵诗词文章，不朗诵不行！

譬如我要臭表功了，我从美国回到自己的祖国，到现在，包括在香港，二十年了，我回来以后悄悄地推广了儿童读书，他们叫做儿童读经，叫错了。我说中国人现在没有希望了，靠后代吧，发展导读，中文、英文、珠心算一起来，但是不搞组织。到现在，全国推广开来十几年，几千个幼儿园小学推行开了，多是边疆、穷苦的地方更多，热闹的地方，不多打交道。所以影响你们今天国学社呀什么的，让大家关注中国文化。

大家笑我粉丝太多了，但是我没有搞组织。为什么？我说我最反对中国人搞组织，一搞个生意呀，成立一个什么出版社啊，成立一个基金会呀，那个基金会已经变成鸭子鸡精的鸡精了！搞一个组织，就在里头争名夺利，斗争人事，所以我没有组织。我推广这个，我说等于这个打火机，我坐在台上点个火把交给你，哎，去推广儿童读书，你交给他，一路下去，全国铺开了！现在不知道谁搞的。

我发动以后，谁做的呢？我给你介绍两个人，一个郭姮妟，她小名叫沙弥，十二岁跟我到美国，现在一二十年，她现在还一边做事，一边读博士。儿童读的书本，中、英都是她编的。另外一个老人是总编辑，这位老太太，抗战曾读延安的陕北公学高级部及鲁艺，最后毕业于南京金陵大学，她现在快九十岁了，中外都通。她两个一老一少，也在为文化奋斗。

那么这个效果呢？譬如我们今年暑假办了三场夏令营，最后一场是内地的孩子，给这些孩子短期的田园教育训练，不准父母参与。孩子们带到上海人民广场，我们去签条子接收，心理负担很重啊，现在大家只有一个宝贝孩子，不能生病，不能出一点事喔，很辛苦。一个多星期教育完成，孩子们恋恋不舍，走的时候掉了很多眼泪，送他们到上海人民广场，家长们来签收。我们测试了一下，效果还非常好，很多经验和启发，当然也非常辛苦，来不及多讲。有十岁左右的孩子能够自己读《资治通鉴》了，还能背佛经，他们还提了许多问题问我。这是讲给你们国学院做个参考。

教育的终极目标

既然办国学院，有一个问题，刚才我讲到，许多人要办书院，要恢复国学研究，这是个新的风气，所以好几位学者跟我说办书院，我都赞成，我也反对，我说你们自己读过书院没有？换句话说书院的老师在哪里呀？你看也没看过书院，光是理想。有一本书叫《五种遗规》，《四库全书》里有，办教育、书院，譬如朱熹当时怎么办的？还有做官是怎么做的？都有遗留下来的一小部分规矩，这些值得研究，当然不是说亦步亦趋，是研究它的精神和方法，这是研究方面。

第二点，以我们中国文化而言，知识分子、读书人应该有个什么目标呢？我们现在读书是为了什么？对不起啊，你们诸位同学为了什么，我不知道。我现在是提一个口号，很难听，“教育无用论”，教育无用，我也反对现在这样的教育，是在糟蹋人才，贻害未来。譬如一个乡村的孩子，父母很辛苦培养他读了书，读到中学糟蹋了一半，读到大学，完了！这个孩子永远不回来了，到上海、北京各个闹市居住，要发财，要爬金字塔的那个塔尖上去。农村那么辛苦，培养一个孩子出来，农村丧失了一个人才，没有人了！

今天这个教育是在树这个金字塔，都向上面爬。而教的是知识，不是学问啊！人格没有养成，做人做事都不对，对社会国家有什么真正益处呢？

中国文化讲教师是两个要点：“经师易得，人师难求。”什么是经师呢？教知识，四书五经、数理化、国文，教这个知识容易。人师呢，他的人格，他的一切，在导师制的书院可以做一位人师，人格的表率，像孔子、孟子一样，不容易！所以“经师易得，人师难求”。

那么，中国原来的知识分子读书的目标呢，

是求学问，包括做人做事、身心修养等等一切的学问，凭兴趣来的，玩味一辈子，人格平等独立的，同谋生是两件事。不像现在人读书，都是为了谋生。所以，我提起你们诸位年轻同学们注意，我不敢说你们的目标是什么，现在反正社会的教育出问题，所以教育无用。

第一个，父母出问题，所有的父母培养子女，是把自己做不到的希望压在孩子身上，自己没有发财，希望自己儿女出来发财；自己没有做官的，希望儿女出来做官；自己理想不到的，希望儿女将来给我做到。望子成龙，望女成凤，这是严重的错误！

第二个呢，升学主义，不是求学问。

第三个呢，读书的目标是升官发财，至少是赚大钱。

这是个什么教育？我搞不清楚。自己的社会、家庭、国家，教育没有个方向，没有个目标。但你说他没方向目标，他说我方向目标都有啊。你要看这个家庭、社会、国家教育的实际走向、目的是什么，不要看表面文章。

再譬如说，现在把中国隋唐开始的很好的考试制度，用到坏的方面去了。现在考试起来，连幼儿园、小学还要考试，好的成绩考取了进名校，考不取了进差等的学校，这是什么教育？教育的目标是讲这个孩子不成器，你把他教成好的成器的人。读书是凭兴趣，靠启发的，那才有动力、有创造力嘛！知之者不如好之者，好之者不如乐之者。现在变成了全力应付考试，有兴趣也给你搞没了。所以我现在讲教育无用论，不晓得搞些什么！自己教育的方向目标，什么都没有研究清楚。

古今教育的异同

再说，大家没有反省，中国三千年来——我讲的都是过去的经验，我是老头子，白头宫女呵，是那个可怜的“庭前偶有东风入，杨柳千条尽向西”的一个宫女，在悲叹而已。我只讲过去，对现在不加评论，现在评论起来问题太大了，我也老了，只讲过去。

我们想一想，中国三千年教育，由周朝到秦

始皇，汉唐宋元明清，政府没有出几个钱办教育，你们怎么不去研究呢？那中国文化过去有没有学校？有啊，“学校”两个字夏朝开始的，唐朝有国子监，现在我们北京还有国子监古迹，汉朝叫太学。政府有学校啊，政府的学校是给高干子弟读的，不是给老百姓读的。老百姓是自己读书的，中国历史上这些名人、才子、忠臣、孝子乃至于最好的宰相，最好的文人、武将，都是民间自己培养出来的，培养一个货品给你朝廷、给你政府来买嘛，人才是个货品，中国老百姓自己培养的，都是私塾出来的。所以古人说：“学成文武艺，货与帝王家。”然后，你们政府用个什么功名嘛，三年一考，五年一考，考取了做官或者备用。

历代没有像我们今天这样，花了多少的教育经费培养了多少人才，然后出来了还要负责给大家找职业！哎哟，大学生失业的太多……活该！谁叫你读书的？中国本来诗礼传家，都是家里读的，自愿读的，要谋生你就直接学谋生技术好了。这个我们要反省了。

书院是宋朝开始的，宋朝真正开始提倡的是范仲淹，因为他是孤儿出身呀，他跟名宰相晏殊两个开始提倡书院。然后清朝呢，有一个皇帝提倡，雍正皇帝，下了命令各个州县都要办书院。但是，书院是私塾制度哦，不是现在学校制度。所以这个问题是大问题。

推翻清朝以后，教育怎么样变成现在这样？对不住，我到这里切断了，不讲了，这个讲起来就很严重了。谁的过错？不谈了。所受的教育是先给你带上个框框，带上个紧箍咒，不能发展了。这是一个问题了。

知识分子的榜样与精神追求

现在回转来讲，中国的读书人，尤其现在像学国学——国学是什么？刚才我说过是中国文化，中国文化是个大宝库，包括那么多内涵，不是孔子、孟子就能代表的，谁也不能完全代表，因为内容太丰富了。

既然研究中国文化，每一位同学你要有思想准备，做学问要准备凄凉寂寞一辈子，至少像我一样的凄凉。不过你们看我现在很不凄凉，很舒服，其实我负担很重啊，搞这个地方心里的负担更痛苦。所以你准备寂寞凄凉，不想做官，不想出名，安贫乐道，才能做学问。

那么，你第一个要学宋儒了，我常常引用，宋朝的大学问家张载（横渠），宋朝有名的五大儒之一，陕西人。他年轻出来的时候，到西北去当兵，找谁呢？找范仲淹，范仲淹在西北做大元帅，在边疆防守西夏很多年了，他是江苏吴县人，老元帅了，你看范仲淹守西北的诗："将军白发征夫泪"，西北当时的敌人是大夏国。他守在那儿，多年没有战争，是因为他在那里。可是他的痛苦呢？"将军白发征夫泪"啊！张横渠来找他，范仲淹一看，你来干什么啊？他说我想当兵。范仲淹看了看说，过来，我俩谈谈。范仲淹也许赏识人才，所以他看张横渠，年轻聪慧，是有前途的，何必来当兵呢？

那么张横渠问了："那你要我干什么呢？""去，回去读书。"范仲淹就抽了一本《中庸》给他看，也许还送他两个路费吧。张横渠后来变成大儒，所以他的名言，你听，读书的目的，做个学者为了什么？“为天地立心，为生民立命，为往圣继绝学，为万世开太平。”读书，知识分子的目的是这个。尤其你们今天是国学院，研究中国文化全体的东西，应该是以这个精神来读书的。

如果读了国学院，你要担心前途职业，我也不晓得你该怎么办。其实也容易，先学会写信，先学会做秘书。当年上海交通大学翁史烈校长来看我，我说你开个秘书班，培养青年一代秘书，任何一个商业、政治都离不开秘书。但是你这个学秘书的呢，要培训他会骑摩托车，会驾驶汽车，会打字，才够得上做秘书。学问再说了。中文、英文信要会写，交际应酬要会。

其次呢，我的建议，读国学院，要懂一个东西，诸葛亮的《诫子书》，诸葛亮写给儿子的信，这是千古读书人的铭言。

“君子之行，静以修身，俭以养德”，他告诉儿子，先学会宁静，宁静不是单指打坐时思想的宁静，而是你心境要随时可以宁静，欲望减轻了。第二是“俭”，这个“俭”好像省钱的俭，同样的寓意，简化，脑子情绪不要复杂，一切都要简化，抓到要点。尤其这个时代，事情那么多，大家都忙昏了头，都在拼命，精神问题越来越多，要好好学习“俭”和“静”，静以修身，俭以养德。

“非淡泊无以明志，非宁静无以致远”，求学问的道理，先要学会把自己的思想情绪淡化了，甘于寂寞，甘于淡泊，要安静。你天天要去玩，欲望太多，卡拉 OK 呀，交男朋友啊，交女朋友啊，耽误很多时间的。求学是非宁静无以致远。

“夫学须静也”，学问要宁静。“才须学也”，才能是靠学问培养的。“非学无以广才，非静无以成学。”诸葛亮一辈子写的信都是几句，很简单，所以诸葛亮的一生只有两篇大文章哦，万古流传的前、后《出师表》。他文学水平非常高，写的信简单扼要，有时候只三句话，包含了很多。

“慆慢则不能研精，险躁则不能理性”，“慆慢”，傲慢，“慆”，自己得少为足，有一点点懂了认为了不起了，然后傲慢，看不起别人了，这样求学没有用啊，不能研精，不能深入了。“险躁”，心里蹦蹦跳跳的，情绪很乱，则不能理性，不能静养。这句话讲做学问。

然后下面是告诫儿子的话，“年与时驰，意与岁去”，年龄一年一年长大了，时间溜走了，时间像车子一样，跑过去很快很快。“意与岁去”，我们的意志、思想随着年龄大了会懒，堕落，勇气没有了。这八个字非常重要！他告诫“遂成枯落，悲叹穷庐，将复何及也”。他说如果你犯了这个毛病，一天偷懒，以上的告诫你做不到，随着年岁老大，“遂成枯落”，永远就是这个程度了！年纪大了才后悔，“悲叹穷庐”，少年不努力，老大徒伤悲啊！有屁的用啊！“将复何及也”，那个时候都来不及啦！

这是诸葛亮告诫儿子的一封信，简单明了，一辈子都适用。所以诸葛亮的一生，你看虽然帮助刘备建立一个国家，当宰相，但他始终是“淡泊宁静”四个字，这是他的学问修养。他死了以后，现在是万古一人，大家都想学他。他的学问是“宁静”来的，所以知识分子要学他。

第三个呢，你们既然进了国学院，我抽出来南宋陈亮陈同甫的文章，他和朱熹同时代，比岳飞晚。陈亮跟谁最好呢？你们崇拜佩服的辛稼轩！他们很要好。陈亮是浙江金华永康人，他跟叶适反对朱熹这些单纯讲学问的，打坐在那里，对国家社会有什么帮助啊！你看陈亮的话，“研穷义理之精微，辨析古今之同异”，你看这两句话，现在学者做学问就是这样，研究哲学、宗教、科学，专门谈理论，“研穷义理之精微”，到了最精致最微妙最高的程度，学问很好，会写论文发表文章。“辨析古今之同异”，辩论、分析古代现代什么都会。他把朱熹这般学者们都批驳了。

“原心于秒忽，较理于分毫”，他说你们这样搞死学问的有屁用啊！“原心”，推究这个思想心理，呵！一秒一分、一刹那之间都把握；“较理于分毫”，写的文章都是逻辑，分毫之间都很严密。

“以积累为功，以涵养为正”，著书立说，论文积累一大堆。我常常说，我过去还带博士班，我叫跟我的博士生，对不起哦，你们不能乱搞，不要读书，去看小说，要毕业的时候，写一本小说给我就通过。读书研究这些干什么？我说写博士论文很简单，两个要点：大题小做，小题大做。你研究什么？我研究中国历史之演变。那么多！你读得完吗？研究中国历史三年当中的演变就够了！大题就小做。小题要大做，呵，我研究这个月的事情，把外国的资料呀、苏格拉底怎么说呀、什么人怎么说啊，乃至焦晃怎么说、朱校长怎么说，都把它拿上来，有些书别人没有看过的，你都把它列出来，很有学问的样子。我说这样没有用啊！这就是以积累为功，堆起来就是一本书，一篇篇论文文章，这有什么用?! “以涵养为正”，自己那里规规矩矩，讲朱熹他们，“睟面盎背，则于诸儒诚有愧焉”，然后修养很好，走起路来衣服穿得端端正正，坐起来像个学者，面孔养得很好，“盎背”，背上驼驼的，很有学问的样子。眼睛戴个八百度的近视眼镜，多漂亮！他说这一套做学问的办法，对不起，我对于你们很佩服，可是我做不到——“则于诸儒诚有愧焉”！

他说我喜欢为国家社会做事业，尤其他要南宋出兵打仗，统一中国。“至于堂堂之阵，正正之旗”，正式研究军事、社会、经济的致用。譬如政府的行为就是要“堂堂之阵，正正之旗”，不能不阴不阳的；还有关联的一句话“以正治国，以奇用兵”，都是最高的政治哲学。

我们接着看陈同甫的话，“风雨云雷交发而并至，龙蛇虎豹变现而出没”，这是说社会的复杂变乱，等于台风吹来，整个社会乱的时候，我拿出办法，拿出计划来，使整个国家社会安定。不管你是什么坏蛋还是好人，整个社会演变的时候，我所讲的学问，是可以安定天下的，这个才叫做真学问！

“推倒一世之智勇”，他眼睛里看你们一切都够不上。“开拓万古之心胸”，打开自己的胸襟思想，为这个国家民族社会建立一百年一千年的前途。他说如果这样做学问，“自谓差有一日之长”，对不起你们诸位老兄，我们一对比，这个我做到，你们做不到！他就那么讲。哈哈！

我引用他这一段，是希望你们国学院诸位同学记住后面——“推倒一世之智勇，开拓万古之心胸！”有这个心胸，有这个努力，扎实用功。所以，我是希望你们从北京来一趟不要白来。

如果说因为读了国学院，我看看你们一众男女同学都是那么斯文，将来如何去“推倒一世之智勇，开拓万古之心胸”啊？这是做国学的目的，国学院研究的目的。

再补充一点，我们中国过去讲知识分子，你们翻开《史记》，孔子去见老子，给老子训了一顿，老子有几句话：“君子得其时则驾，不得其时则蓬虆而行。”做一个知识分子，真要研究学问，尤其你们研究国学，学问自己累积，不一定要做官或发财。老子告诉孔子，他明知道孔子要救世救人，老子批评他，说时代不属于你孔子的，你拉不回来。“君子得其时则驾”，要把握机会，看到机会你再去。“不得其时”，机会不属于你时，“则蓬虆而行”，最好隐姓埋名，不要去管事。

另外呢，我给大家引用《素书》的一段，我觉得大家研究国学，做一个知识分子，读书人基本的修养在这里。这是黄石公传给张良的。后人考据，认为这个《素书》不是当时原文。我不大管考据的，谁也没有办法求证，你爱做考据你们去做吧，就当他是当时传给张良的。

你们看中间一段，“贤人君子，明于盛衰之道”，要把时代看清楚，“明于盛衰”，看懂这个社会的变化；“通乎成败之数”，你的知识学问，对做人做事，成功失败都要有把握。“审乎治乱之势”，要观察整个社会的转变；“达乎去就之理”，这是指个人，看清这些之后，个人应该怎么办啊？读书？还是学职业？还是求吃饭？乃至一个工作要不要做？都要自己晓得。

“故潜居抱道以待其时”，知识分子四个字：“潜居抱道”，自己有学问，自己不想出来，学问为自己修养。“以待其时”，等待机会。“若时至而行，则能极人臣之位”，有机会给你出来做一番大事业，“极人臣之位”，譬如做宰相。“待机而动”，要等待机会，“则能成绝代之功”。机会不到，一切不要强求。“如其不遇”，知识分子要有一个准备，所以刚才我讲，你们学国学求学问学位，自己要有个基本修养。“如其不遇”，一辈子没有机会的，“没身而已”，这一辈子默默，很寂寞地享受自己，有学问，怕什么！很寂寞，做一个出家人一样，“没身而已”，要能把享受寂寞当快乐。没有在寂寞中乐于学问的修养，也不可能有真学问。

因此，下面两句话，是读书人知识分子的基本原则，“是以其道足高，而名重于后代”，这是告诉张良，有机会你出来帮一下，没有机会，就算了，自己优哉游哉过一辈子。“是以其道足高”，这个道，学问之道，这是求学问的目的，或者你将来自己著书立说做什么都可以。

你们远道而来，我把我的意见，把这些古书上所讲知识分子、读书人应该具备的修养，贡献给大家，大家自己要有一个准备。否则，纪校长也在担心你们诸位，大家也是这样担心，你们读了国学将来出来做什么？找职业？这是问题来了。可是既然走这一条路，这一条大路很难走，要立志的，要“开拓万古之心胸”！

先到这里，我们吃饭。晚上再说。

同学：请起立，谢谢老师！

第三堂

有容乃大与通变

推广国学 薪火相传

研究中国文化的捷路

《朱子治家格言》

如何读史

文化 文学 诗词

有容乃大与通变

南师：诸位请坐。大家研究国学，研究中国文化很好，但是要非常注意时代，留意西方文化的发展，哪怕你不学外文，英文、法文不懂没有关系，多看人家翻译的书。如果不懂得时代的发展，光讲自己中国有五千年文化，五千年文化算什么？不过是个死老头，那就没意思了。中国文化素来是开放的，兼收并蓄的，讲究海纳百川，有容乃大，所以要东西方文化并重研究，吸取古今中外精华，为我所用，适应时代变化，甚至引导未来的人类文化。《易经》的基本道理，就包括简易、变易、交易、通变。

刚才我们最后提到，大家要注意学一下陈同甫的志向，这位先生是南宋时的学者，是金华永康学派的代表人物，有大见解，非常的了不起。我们今天做学问，要注意他的话，要有“推倒一世之智勇，开拓万古之心胸”。诸位做官的也好，做企业的也好，做学问的也好，应该有这么一个气魄，这是我们今天要走的路。

以我看来，中国文化真的开始要翻身了，但是很可怜的，没有基础。譬如我们看到现代人的文章，对不住啊，讲句直话，包括政府的文告，你们学术界的文章，写得不晓得是哪种文章逻辑，既长又乱，尤其这个一二十年，写很长的句子，一二十个字一句，看了上半句忘记了下半句，看完了全篇不晓得讲些什么，重点都稀释掉了。再过个五六十年或者一百年，后人看我们的文章要考古了，究竟这一代人搞些什么东西啊？我们很丢人的。

可是重新建立文字的文化，这个白话文推行以后，要怎么建立？真是一个问题，既要使大家看得懂古书，又要适应时代。我倒主张你们看看梁启超的《饮冰室文集》，走捷路，那是新旧交流的那个时代的文章。他跟他的老师康有为，后来慈禧太后要杀他们，两个人都逃走了。我们今天老实讲，共产主义也好，自由主义也好，三民主义也好——对不起啊，我年纪大了可以讲一句公平话——都是门面的东西，真正内容都用了康有为的大同思想。你读了梁启超的文集，再读一读康有为的《大同书》你才知道。

今年开始，我听说我们的国家气势很大，的确有开拓心胸的气象。甚至听说，我是听来的啊！老了都是乱听，听外面说准备二零二零年以后，全国所有的老人都可以老有所养了。这个气派真了不起！多少亿人口啊！又听说，现在准备推广中药中医，将来每个乡村医药店都有医师去坐诊了，是不是真的这样？这个气势够大了，这是中国文化。

因此，诸位知识分子读书，还是要走捷路，走好了捷路之后，随便你涉猎了。我现在贡献给人民大学国学院的同学们，开了一个书单。希望我们院长在这里，回去以后跟校长研究，不要呆板地开这些课程了，限定他们多少时间，自己去读吧！

推广国学 薪火相传

像我推广中国文化这几十年，悄悄地推广，

影响到全国乃至外国，美国还有资料反馈回来。这个编辑的课本，推广到外国去，外国人也有背我们中国书的，背了得什么好处呢？英文、法文都不行，一背中国书，写中国字，老年痴呆没有了。他说奇怪。这是他们传来给我的资料，虽然只有一两个，不多啦，但是有道理。

你们大家把我这个没有用的老头子，“白头宫女”叫做南老师，你查我的书上，我三十几年前在国民党的中央党部讲的，批评他们，批评国民党，我说你们搞的，把中国文化也搞坏了。我说今后中国文化要开始发展，未来的时代中国文化、文字变成世界上通用的第二种语言，一定会实现。也许英文还慢慢会衰退。这个话我现在再提一次，也许我死了，将来不准了，有人把我从棺材里拖出来；不过我要烧成灰，让你们找不到，呵呵，免得被拉出来鞭尸了。

第二，我也告诉外国朋友们，我说四十年前，如果一个年轻人不懂英文，在这个世界上走不通。四五十年以后，不管你白种人黄种人，不懂中文你就吃不开了。我这一段话当时讲，大家只好笑，因为知道我是很顽强的、对于中国文化很固执的一个人。可是我一边讲，自己也在笑，你们听吧！记住啊！呵呵。

我当年推广儿童读书，大家希望我搞组织，我是不来这个的。中国人一百年来就是搞组织搞坏了，搞一个思想，搞一个主义，搞一个党，搞一个派，党内有派，派里头有系，系里头还有什么你的关系，我的关系，中国人都搞坏了。所以我绝不搞组织，我当时是用“ICI 香港国际文教基金会”的名义，现在还存在，但不是一个真正的组织。我当年在台湾时，大陆上是“红色的恐怖”，台湾是“白色的恐怖”，我也随时准备被他们把我这个头拿下来，万一拿下来就不讲话了。可是我都公开地讲，事实是这样，我反对组织。

所以我推广儿童读书，我自己比方是运动会的火把，把火一点交下去，一路接替，大家认同的就自愿推广开了，既没有组织，也没有利益关系。

有人笑我，说我的“粉丝”很多很多！粉

丝的粉丝都已经多得不得了了，变成米粉、面条了，呵呵。这不是我的本事，是中国文化本身的力量。

研究中国文化的捷路

中国十三亿人口，里头有多少人才啊！所以古人有一句话，“江山代有才人出，各领风骚数百年”，这是清朝诗人赵翼先生的诗。我香港一个朋友，前两天特别跑来看我，把古人的诗当着我的面改了，他也在笑，他说老师啊，时代变了，越变越快，赵翼先生这个诗要改，改为“江山代有才人出，各领风骚没几年”，不是数百年。我说你改得好，改得也对。

因此，我给你们开了一个书单，教你走捷路，可以快些进入中国文化的宝库，也可以懂一点西方文化了：

（一）三百千千（《三字经》、《百家姓》、《千字文》、《千家诗》）

（二）《文字画研究》（吕佛庭）、《御定康熙字典》（线装本）、《新修康熙字典》、《远东

国语辞典》(台湾版)

(三)《幼学琼林》、《古文观止》、《龙文鞭影》

(四)《增广诗韵合璧》、《古诗源》、《宋元诗评注》、《清诗评注》、《随园诗话》

(五)《古文辞类纂》、《续古文辞类纂》、《经史百家杂钞》

(六)《儿童中国文化导读》(1—36 册)、《儿童西方文化导读》(1—4 册)(台湾老古文化公司编辑)

(七)《古今图书集成》

(八)《纲鉴易知录》

譬如说《儿童西方文化导读》,沙弥当时问我:"老师啊,你叫我编这个,中国的有办法,英文怎么办?"我说:"你注意,选《圣经》,基督教新旧约,箴言、诗篇这两部分是很好的文学,你去选。"其他什么《创世记》,上帝创造了男人,把男人的肋骨拿一根出来创造了女人,这个根本不要讲了。其实男人肋骨没有少一根,女人也没有多出来。然后沙弥一下灵感来了,找出来麦克阿瑟训子的信、林肯南北战争的宣言等等，都是很了不起的。

这些各地参与中西文化导读的孩子们，今年来参加夏令营，当时我们请了好几个外国的老师，新西兰、美国、南非、日本的老师都有，这些孩子可以和老师用英语对话了。

再譬如说，你们注意啊！很重要！刚才我们提到的这几本书，影响中国文化文学的，比如《古文观止》，谁编的？你们诸位知不知道？是当年乡下教私塾的老师编的，影响了中国几百年！这些人贡献这么大，真是了不起。中国过去的读书人，在民间默默地做学问，留下的名著很多，培养的人才也很多，贡献很大很大。

还有一本书《幼学琼林》，你们国学院的同学们要特别注意，你把这一本书会背的话，什么天文、地理、政治、军事、经济，你大概会知道了。都是很有韵律的文章，要朗诵，要念出来，要会背，全部都背做不到，就背一些重要段落章句。《幼学琼林》的编者是四川西昌人，这些人都是默默无闻的。古人著书不是希望赚钱，不是希望版权，他希望把自己的心血传留给后面的人。不像现在的人，到处向钱看，看到钱，魂都掉了，读书人人品都没有了。古人不是这样，这些人贡献多大啊！

《朱子治家格言》

我再岔过来告诉大家《朱子（柏庐）治家格言》这篇文章。我告诉你这一篇之重要，像我是八岁起就会背了，不只我会背哦，我们那个时候读书，一个家庭的孩子，不背这篇文章不行的，此其一。

还有呢，你看我们那个时候的人格教育，家里书房里贴了一张纸，画了线条，有一百个框框，有些是三十个框框，一张一张放在上面，叫什么？功过格。每天自己读完书了，爸爸坐在后面说：想一想，有没有错？自己想想：有，拿起黑笔来在框框里点个黑点。有什么好事吗？有，某某人没有橘子吃，我送一个橘子给他，在框里点个红点，算一件好事。每天的思想行为，好的点红的，坏的点黑的，给自己看，这个叫功过格，我们是这样来的。

《朱子（柏庐）治家格言》影响中国三百多年到现在，全中国老百姓都受到影响。我可以说，清朝统治了四万万中国人近三百年，靠什么？靠这一篇，大家没有发现。这一篇文章是什么人做的？明末的朱柏庐。请问他是人民大学还是北大毕业的？还是复旦？或是上海还是苏州哪个中学的？什么都不是，他是“诸生”，诸生是什么？一般的读书人。他因为满族入关了，父亲也死了，不愿意做亡国奴，所以不出来，在家里好好做学问。可是呢，清朝也没有利用他，中国人自己接受流传了他这篇文章。

你们看：“黎明即起，洒扫庭除，要内外整洁；既昏便息，关锁门户，必亲自检点。”我今年九十了，受这个教育的影响多大，你问他们，他们几个同学跟着我的，每天晚上我自己亲自转一圈，窗户关好了没有？门有没有锁好？变成习惯了，不去看不放心。这是当年八九岁时候受的教育，“关锁门户，必亲自检点”。

“一粥一饭，当思来处不易”，一口饭不容

易吃的啊！“半丝半缕，恒念物力维艰”，要晓得节省，不是消费刺激生产！“宜未雨而绸缪，毋临渴而掘井”，做人做事，事先准备好，不要口干了才掘井喝。“自奉必须俭约，宴客切勿流连”，财物的运用，对自己尽量的节省。这些爱唱卡拉 OK 的朋友，会喝酒的，一天白兰地喝七八瓶的，这些朋友们少来，“切勿流连”，可以招呼，不能流连太过了。“器具质而洁，瓦缶胜金玉”，家里用的东西不要太讲究，好用、干净就是了。“饮食约而精，园蔬胜珍馐”，粗茶淡饭比什么都好。“勿营华屋，勿谋良田”，不要说房子住得怎么样奢华，五星级饭店什么的，不要。

“三姑六婆，实淫盗之媒”，这些啰唆的妇女们，不要多来往，包括像尼姑、道姑、修女，什么做媒、算命的，巫婆神汉啊，像老鸨、走街串巷卖药的、接生的，还有人贩子，这些人不要来往，是非多。“婢美妾娇，非闺房之福”，小秘啊，什么外室啊、情人啊，越漂亮越糟糕，非闺房之福，非离婚不可。“童仆勿用俊美，妻妾切忌艳妆”，男佣人不要用漂亮的，怕太太们、小姐们靠不住。老婆、女佣人不要打扮得太漂亮了，等于海航陈峰说的，老师啊，我总公司办公室没有一个女的。因为不漂亮的不喜欢，用漂亮的又靠不住，所以我不用。我说对。“祖宗虽远，祭祀不可不诚；子孙虽愚，经书不可不读。居身务期简朴，教子要有义方”，“居身”指自己本身，尽量地节省、朴实，不要浮华。对儿子的教育要有方法，按孩子天生的秉赋、兴趣帮助他，但是要有分寸的。我说现在的家长都错了，把自己达不到的目的加在孩子身上，这是错误的，是不懂“义方”。

“勿贪意外之财，莫饮过量之酒”，不要贪心，不劳而获大多不是好事。酒并不是叫你不要喝，是不要过量。“与肩挑贸易，毋占便宜”，小贩卖东西，挑担到门口，不要贪便宜斤斤计较了，人家没有本事做老板，做小贩就要赚钱。你说他骗我，就算骗，给他骗一下，他要回去养家嘛！肩挑的贸易勿占便宜。“见穷苦亲邻，须多温恤。刻薄成家，理无久享”，做人要厚道，多帮忙人家，尤其你们做大老板，对你的职员刻薄，不会成功的，“理无久享”，会受报应的。“伦常乖舛，立见消亡”，比如对父母不孝顺，很快就垮了。“兄弟叔侄，须分多润寡”，要招呼兄弟姊妹，相互帮忙。“长幼内外，宜法肃辞严”，我是这样念哦！当年我读书的时候是朗诵的哦！是背的啊！

“听妇言，乖骨肉，岂是丈夫”，听太太的话，对父母、兄弟不起，不算男人。翻过来，太太们听男人的话这样做，也不算女英雄。“重赀财，薄父母，不成人子”，只看钱，不晓得孝顺父母，他说那不算是人。“嫁女择嘉婿，毋索重聘”，嫁女儿，就看对方男孩子好不好，不要看人家有没有钱。“娶媳求淑女，勿计厚奁”，讨一个媳妇，不要希望她娘家陪嫁多，要看女孩子好不好。

“见富贵而生谄容者，最可耻”，看到人家做官，有地位，有钱的，马屁拍得很响。我当年在台湾的时候，听到一个华侨回来，人家叫我去跟他见个面，我说干什么？人家说侨领耶！我就笑，什么侨领啊？华侨领袖。我说你怎么知道？回来的都是侨裤裆，不是侨领。华侨有钱的不肯回来，中国的国民党、共产党邀请华侨领袖，谁都怕回来，嫌麻烦，叫那个跑腿的不相干的，你去吧！回来以后叫侨领，实际上都是侨裤裆。那么有一次，人家请一个侨领回来，年纪大了，这个老头子坐在上面，一边吃饭一边放屁，这个很失礼。旁边的人，还是外交官说：嗯！没有味道，没有臭味。这个老头子侨领很不高兴，因为他的观念啊，老年人放屁没有味道就快死了。他听外交官那么讲很不高兴。这个外交官懂了，过一阵子说：嗯！现在有一点味道了。“见富贵而生谄容者”，拍马屁，最可耻。“遇贫穷而作骄态者，贱莫甚”，看到人家穷，看不起人，下贱，自己下贱了。“居家戒争讼，讼则终凶”，最好不要打官司，打官司两方面都没有好处。“处世戒多言，言多必失”，少讲话。“勿恃势力而凌逼孤寡，毋贪口腹而恣杀牲禽”，不要认为自己有钱，有地位，有势力，就欺负弱者。不要因为自己好吃，随便杀生。“乖僻自是，悔误必多”，个性太孤僻，或者太自以为是，你后悔和失误一定多。“颓隳自甘，家道难成。狎昵恶少，久必受其累”，意志消沉，自甘堕落，等于败家。不要交那些年轻的太保、小混混，现在卡拉 OK 里，上海、北京特别多，必然受他们拖累。

“屈志老成，急则可相依”，多跟人格成熟、品行可靠的人往来，帮忙你成长，急难的时候可靠。多和老年人往来，可以学很多经验学问，当然要好的老年人，像我们这些老年人最好不要往来。“轻听发言，安知非人之谮愬，当忍耐三思”，随便听人家告诉你，哎哟！朱校长啊，李小姐讲你不好。人家在挑拨你啊！所以不要随便听。“因事相争，焉知非我之不是”，因为事情与人发生矛盾，不一定是别人的错，首先要反省自己不对的地方。“施惠勿念，受恩莫忘”，这两句话对我一生影响很深，都是佛家、儒家、道家的精神，帮忙了人家，好处给了人家，心里记都不要记，要丢掉。“受恩”，得人家一点好处，要永远记住。

“凡事当留余地，得意不宜再往。人有喜庆，不可生妒嫉心”，做人做事要留余地，好事、便宜不要多占，多占会有麻烦的，所谓“知足者富”。妒嫉别人有好事，看到这个人汽车比你好，哼！算什么？就是妒嫉心。女的这个事情很多，对面看到个女人穿漂亮的衣服走过来，哼！就是妒嫉心，意思说，你算什么？这容易，我等一下买一件给你看。“人有祸患，不可生喜幸心”，别人倒霉了，你心里高兴，好啊！这就错了。

“善欲人见，不是真善”，做了好事，希望别人知道，可见动机不纯善，不过好事坏事也很难讲。“恶恐人知，便是大恶”，如果做了坏事很怕人家知道，这才可怕。“见色而起淫心，报在妻女”，讲男孩子，女孩子也差不多，果报会应在亲人身上。“匿怨而用暗箭，祸延子孙”，对人家心里不服气，暗箭伤人，偷偷地整人家，后代会受报应。

“家门和顺，虽饔飧不继，亦有余欢”，一家团聚在一起和和顺顺的，就算没有饭吃了，还是高兴的。“国课早完，即囊橐无余，自得至乐”，国家要税，赶快缴，不要欠税逃税了，一逃税最后受不了啊！连缴税他都帮忙，哈！所以康熙皇帝怎么会不提倡这个格言呢，尽管去读吧！

最后他告诉我们“读书志在圣贤”，读书不是为了拿高薪，而是求学问，可以圣贤为榜样和最高目标，并不是求圣贤的名，或者装做道貌岸然的样子。读书不一定做官，万一不幸而出来做官，则“为官心存君国”，既然出来做公务员，就要对老百姓负责，对社会国家负责。“安分守命，顺时听天。为人若此，庶乎近焉”，知道自己的本分，也懂得时间和形势，尽本分之后听天命，做人做到这样，他说这才像一个人了。

这一篇文章是江苏昆山人作的，影响中国这三四百年。你看中国知识分子读的《古文观止》、《千家诗》、《幼学琼林》、“三百千千”，不是人民大学哪位教授还是哪个博士编的，没有。所以我说，你看中国几千年文化，政府没有花什么钱，都是老百姓自己培养子弟出来，影响一个国家，影响整个时代，此其一。

第二，我前面给同学们开的这个书单，你们现在要读这几部书，如果你们将来想做个国务卿啊，想做个国家第一流的领导人，你先把中国文字读好了，然后只要读一部书《古今图书集成》，这是康熙、雍正时期编的，他把中国文化几千年，经济归经济，政治归政治，医药归医药，都集中了资料，也被称为“康熙百科全书”。你们去研究。

另外，影响中国文化很大的，还有《古文辞类纂》，这是安徽桐城姚鼐编的，这个是捷路哦，里头有很多东西啊！

再有一部，《经史百家杂钞》，曾国藩编的，曾国藩并不以他的成功为满足哦，他想在学术界超过古人，想超过桐城学派。所以他用自己一生的学问编了一套书，如果你拿来好好读，你就把中国文化的精华都吸收了。我在书上曾提到曾国藩十三套学问，包括这一套《经史百家杂钞》。

你们人民大学国学院把这几套书一摸熟，我看未来中国就会在你们这一班人手上。可是，你们现在要好好去读书了。

如何读史

但是，读这个书必须配合读历史。读历史怎么走捷路？你不要读司马迁的《史记》，乃至中国全部历史，更不要读《资治通鉴》。我告诉你一个经验，四五十年前，我在台湾的时候，那时我是在白色恐怖之下哦，蒋介石先生是我的校长，固然对我很好，也随时盯住注意我，尤其他太太宋美龄对我很是反感，因为她要提倡基督教。我嘛，她把我打入是佛教里头最重要的人，所以她对我讨厌极了，我也对她反感极了。所以你说我在台湾，那个白色的恐怖，比你们还可怕，不晓得哪一天，算不定我就没有了，可是我也不在乎。

可是蒋经国后来更怕我。譬如说，有一次吃饭，海陆空总司令都是我的学生，三星到四星上将，包括老辈子的，跟蒋介石一起的何应钦、顾祝同、蒋鼎文等人，我坐在上面，是个布衣，普通人。两旁星光闪闪，都是上将、中将，这个太可怕了。前面一排宪兵，还有便衣在街上，两边一二十部的汽车。你说我不走行吗？因此我一想，台湾不能留，大陆也不能来，我没有办法，只好就到美国去了。所以我也够可怜的，今天坐在这里也是惴惴不安，算不定人家不喜欢我坐，我又要走，不晓得到哪里去好。你们有没有一个国家可以给我溜的？哈哈，这个人生……

可是当年这一班将领在研究什么？没有事啊！读《资治通鉴》。刚才叫你们读历史，不要研究这个。还有呢，这一班将领读《贞观政要》。我说那个《资治通鉴》你们不要研究啊！司马光是写给做皇帝的看的，《贞观政要》呢，是写给做领袖看的，你们不要研究了，你们再研究，我就没位置坐了。但是这两本呢，我劝你们也不研究，因为太精要了。

那么，你读历史读什么呢？《纲鉴易知录》，先把它读会，这部书是一部中国通史，作者吴楚才，编过《古文观止》，做私塾先生的。由《纲鉴易知录》配合前面的几部书，中国文化一定行了。我的书单也给你了。你们诸位从北京那么远来，非常对不起，我只好奉献这一点。

文化 文学 诗词

此外，告诉你们注意，文化的基础在文学，文学的基础在诗词。你们不是成立一个诗社吗？你们诗社的大员在这里吗？（有学生起立："在这里，南先生！我叫陈斐。"）是你啊！请坐，请坐。

譬如我这十多年提倡儿童经典读诵，结果好像政府跟着也编了这个书，而且开始时诗词比重很大。我一听也反对，我打个电话跟他们讲，不要乱编，我编的书给孩子读，是希望中国未来出大思想家、大政治家、大科学家，不是希望出一百个李白、一千个杜甫，没有用啊！你们老是背诗词有什么用呢？当时我反对。

但是我今天告诉你，我也是一边反对，一边也赞成啊！文化的基础在文学，文学的根在诗词。你看我们这几十年，开放发展到现在三十年，你再退回去五六十年当中，中国有哪一部白话小说可以流传千古？有没有？这是文化衰退了。

这位同学在人民大学成立了诗社，你们千万不要变成酸不溜丢的诗人哦！可是诗非会不可。再给你们讲一讲诗，这是文学的基础。

这样，我们念这个乾隆时代的清诗，清诗有时候比唐诗好，这位同学同意我的看法，他是我的同志，呵呵。但是你要好好学，对不起啊！我当众说你，你有好辞，但没有好句子。有好句子而没有好诗，少做，多读，你就学会了。我看你相貌，将来了不起哦！将来算不定是一代才子。

哦？诗没有印好，那先去复印，大家休息十分钟，喝茶吃点心。

第四堂

诗词与文艺

“玩索而有得”

好小说中短命的爱情

帝王的诗才

诗人政治的代价

尾声

诗词与文艺

南师：讲诗的问题，文学基础是诗词。我看到现在，已经发现，我们这个社会的年轻人，像你们这样喜欢作古体诗的，许多地方都有。我看到这些年轻人作的诗，非常敬佩，他们还没有钱，印出来的书字很小，我看了很难过，很想帮忙这些年轻人，可是我不敢出手。我说我写个信赞成，或者送他一点钱，可是自己就脱不了身了，又怕他们骄傲，所以就老滑头（师自笑）。

现在看到你们学校也成立诗社，最好不要轻易作诗。你多去看看《随园诗话》，过去我们看《随园诗话》，老辈子不赞成的，认为会学油了，学滑头了。《随园诗话》是主张性灵派，换句话主张作诗自由主义，他也有好诗。

作诗先学清诗。譬如我先提出来这一首诗，是张问陶的，四川人，乾隆时候一个名士，进士翰林。他与袁枚的诗才不同，很有个性的，而且他不大想做官。据说他是美男子，翰林院的好几个同事进士，当他的面讲，我来生变女人要嫁给你，做姨太太都可以。那时，这些人考取了进士，进了翰林院，交通不便，经济也困难，太太乃至姨太太带不出来啊，大家在那里彼此欣赏才能，有时会互相开玩笑如同性恋。其实，犹如男女朋友们之间，风流倜傥，互相嘲笑，随时都有。不过，同性恋在古代也真的存在，叫男风，譬如有的太监和皇帝之间有时有这个情绪。我不是提倡这个啊，不过研究古代一个现象。现在看他的诗，我们念念：

今古茫茫貉一丘　功名常笑烂羊头
戏拈银笔传高士　醉掷金貂上酒楼
未老已沾秋气味　有生如被梦勾留
此身可是无仙骨　石火光中闹不休

“今古茫茫貉一丘”，你看他的才气，否定了一切，古人，现在，皇帝也好，功成名就也好，包括我们，包括清朝推翻了，北洋军阀到现在，多少英雄都埋在地下，同动物一样埋在地下，叫一丘之貉。哪个企业家发财啊，哪个英雄了不起啊，结果是今古茫茫貉一丘。

“功名常笑烂羊头”，他考取了翰林，全国名气那么大，官也做得不错，自己笑自己算什么老几啊！“烂羊头”是汉朝的典故了，比如说每个朝代开始的人，原来是杀猪的、杀羊的，后来都做了大官。

“戏拈银笔传高士，醉掷金貂上酒楼”，我们年轻的时候更喜欢这个。自己认为文才好，读书人有三种笔，一支是金笔，黄金打的笔不轻易用，那个用来写忠臣孝子的。至于德行精粹者，道德学问人品修养很高的，拿银笔来写。漂亮的文章，拿斑竹管笔写了。他说自己的文章不轻易给大家写的，“戏拈银笔传高士”，游戏的“戏”，对于高士们，他眼睛里头还看不上。

自己风流潇洒，没有钱，上酒家喝完了酒，钱付不出来，把官帽上的黄金标志拿来当，等于拿官阶来当酒喝，当饭吃，这是要被处罚的，可是他不管。够潇洒吧！你要做诗人，潇洒一点，不要那么拘束（众笑）。下面两句厉害了。

“未老已沾秋气味”，充分的哲学思想。他作这个诗的时候也不过中年，对繁华世界的一切已经看不起了。功名有，官也有，他都看不上了。有一句成语叫“老气横秋”，“未老已沾秋气味”，年龄只四十多岁，思想已经超过八九十，一百岁了。

“有生如被梦勾留”，这个人生，活着是一场梦啊！就是“人生如梦”这句话，很漂亮。

古人批评人说，这个年轻人老气横秋，他把这一句变成诗的味道。第二句话人生如梦，你看他一变，这就是文学了。“未老已沾秋气味”，你也有这个感觉对不对？“有生如被梦勾留”，人生是一场梦，他看通了。下面说他想学佛学道没有找到好老师。

“此身可是无仙骨，石火光中闹不休”，对于人生的感叹。虽然有官做，名气那么大，又长得那么漂亮，想学神仙成道，可是做不到。中国道家、佛家都讲过，若想修道成神仙，先问问自己有没有仙骨。道家讲“此身无有神仙骨，纵遇真仙莫浪求”，自己看看命运八字或骨头，如果没有“仙骨”，你碰到真仙也不要学，因为学不成，没有这个本钱。所以他感叹自己没有“仙骨”，感叹人生。

那么，上面讲“有生如被梦勾留”，下面讲“石火光中闹不休”，人生太短暂，几十年的人生，等于石火光一样，古人的打火机是石头敲打出火来，一闪就熄灭了。他说我为什么要出来做官？他很想回四川，回家里。“此身可是无仙骨，石火光中闹不休”，董事长啊、翰林啊什么的，拼命在闹，人生就是这么一回事，我现在还在这里闹。

为什么跟你们提这个呢？讲到中国文学，教你懂了诗的韵味。你们学小说，学古文，朗诵惯了，你对于昆曲啊、京戏啊，也有感觉了，都是平仄音韵，一个字都没有缺少的。所以这里提一下诗，做个榜样。

你们来信跟我讨论，这个清诗你们也赞成了。对不起啊，我现在对这位同学，特别跟他讲一下，也是给大家全体讲。

现在提出两个人的诗：钱谦益，吴梅村。吴

梅村他名叫吴伟业，太仓人，在这一带附近。这一带是三吴文化。吴梅村很有名的，明朝亡国了，他没有投降。最后到了顺治的时候，非逼他出来不可。结果他只好出来了，去清朝做了秘书院侍讲、国子监祭酒，到国子监做校长。这样，吴梅村变成贰臣了，非常痛苦。他的诗很多，我从小很喜欢他的诗。可是他的诗用的典故很多，比如《过淮阴有感》：

登高怅望八公山　琪树丹崖未可攀
莫想阴符遇黄石　好将鸿宝驻朱颜
浮生所欠唯一死　尘世无繇识九还
我本淮王旧鸡犬　不随仙去落人间

这一首诗是讲什么？清政府要他到北京来做官，他只好去了，他有家庭苦衷，不能自杀。他路过淮阴，淮阴是韩信的家乡，现在改名叫淮安，八公山就在那一带。“八公山”这个名字有故事的，汉代淮南王刘安学仙，有八位高人来帮忙，后来炼丹成功，白日飞升。他家的鸡狗吃了剩下的丹药，也升天了，“鸡犬升天”的故事就是这样来的。因为这八位高人，所以叫“八公山”。

“登高怅望八公山，琪树丹崖未可攀”，这两句话，说自己出来在路上，马上要去投降报到了，心情很难过。古代读书人，不愿意投降的。当时拒绝投降清朝的人很多，很多自杀的，他没有自杀，心里觉得太对不起明朝了。他看到八公山，很是感慨惆怅，“琪树丹崖”，表示修道学仙，他说可惜我避世修仙做不到。

“莫想阴符遇黄石，好将鸿宝驻朱颜”，这两句也都是用道家的典故。你看看，他讲到“阴符遇黄石”，张良遇到黄石公，我们下午讲到黄石公传张良《素书》。他的意思，我不如张良，不能推翻你清朝，可是没有讲出来反动的话，巧妙在这里，所以比唐诗难。“好将鸿宝驻朱颜”，羡慕返老还童之道，他身体健康，清政府不让他在家里健康，要他去做官。他说可惜我没有死，下面讲出来。

“浮生所欠唯一死”，我的生命最大的缺点，是当时没有自杀，如果崇祯皇帝吊死，我也跟着吊死了，万古留名，是个忠臣。像我们当年，跟日本人作战，带兵的时候就想到这一句诗，准备上战场就是死。书上印“浮生所欠只一死”，“只”字错了，注意！因为“只”在这里发音发不出来，“唯”可做平声读，“只”是仄声，平仄不对，书上印错了，应该是“浮生所欠唯一死”。“尘世无繇识九还”，这个“繇”就是来由的“由”，他故意不用，用这个“繇”，瞒人家眼睛，意思说我的国家明朝已经亡了，现在是清朝，拿不回来了。修道的有九转还丹，起死回生。

“我本淮王旧鸡犬”，前面讲了淮南王鸡犬升天的故事。他说我是明朝的官啊！崇祯皇帝吊死了，我还活着，还要给人家抓去做官。“不随仙去落人间”，不念“间（音兼）”，念“间（音甘）”才押韵，唐韵。你看他多痛苦啊！他要骂清朝，又不能够明着骂，可是不骂又不甘心。这个情绪转折，变成一个很美的文学表达出来，所以才叫好诗。

吴梅村的诗很多，譬如那个有名的《圆圆曲》。唐朝白居易写了《长恨歌》，批评了唐明皇跟杨贵妃。吴梅村写了《圆圆曲》，批评吴三桂引满族入关，“恸哭六军俱缟素，冲冠一怒为红颜”。那真是名句，的确很好，这个就是吴梅村的诗。

这个资料发给你是做什么呢？因为你们是国学院的嘛！诗词是重点。你找这个《清诗评注》，民国初年出版过，我怕没有了，叫老古公司印了保留，大陆现在有没有出版不知道。你注意，这都是民国的批注哦！还有一本叫《宋元诗评注》。你找来这些书，给你们同学们走个捷路，一边读这个诗，一边看下面的批注，你对历史，对经史子集会懂很多，这是个偷巧的路线。

“玩索而有得”

你们已经来不及了，都二十几岁了，你们懂吧？像我下这个工夫，这些诗我能够懂，是什么年龄？十二岁。老实讲我还没有跟老师好好读过书哦！读书有一个经验，孔子讲研究《易经》“玩索而有得”，用玩的啊！现在的教育我完全不赞成，把你们的脑袋从小给读死了。你看我现在还懂得国学，我们小时候一天到晚在玩，什么时间读书啊？我是晚上读书。我的父亲晚上没有事了，一把摇椅坐在我后面，我只好读啊！像我读诗“尘世无繇识九还”，我下面抽屉里面看《红楼梦》。他在摇椅上摇，我晓得他一停了，肚子一靠，“……识九还啊！……”轻松读出来的，也是“玩索而有得”。像你们这样读死书怎么行，都读死了。所以我印这个给你们的目的，是教你们走捷路。你们年纪来不及，但是不读也不行。像我们朋友讲的：修行修行，越修越不行，可是不修也不行。哈哈。

那么我十二岁怎么会诗呢？因为喜欢诗。我那位老师，有名的诗人，学问很好，同乡人，平常我叫他伯伯。暑假来，在我表哥家里。我们寒暑假没有休息哦！一定请一个有名的学者到家里来，几个同学凑起来补习的，这个补习，不是为了考试补习学校的功课，是为了自己的学问补习。我这位老师姓朱，他诗好。我十二岁，有些同学十七八了，我小不溜丢，到处跑来跑去，最受宠了。所以他们讲学问，我在旁边听，都知道了。

有一天，他在房间念诗，就是这样念，我这个调调就是他那里来的。他摸着胡子："……阑珊心事怯余春呵……"好听！我就在那里听，听了半天，就过去了，"先生啊！"我们不叫老师，叫先生，"这个什么诗啊？""嗯？"他胡子一摸，"是钱谦益的诗。……残梦惊回一欠伸哪啊……"我说："这个好听！先生啊！您读得真好，好听啊！您再读吧！"我就在旁边听，懂了！我就会写诗了，真的，然后我就写给他看。

譬如我年轻时，十五岁不到，写一首诗给他看，我的诗集上有。我那时在庙子里读书，我父亲对我又爱又严格，我是独子啊！没有兄弟姊妹。过年不准我回家，就在庙子上读书。庙子上不但只有一个和尚，还只有一盏琉璃灯，后面堆了四十口空棺材。可是空棺材也吓死人啊！这个老和尚我叫他公公，姓南，是个跛子。他晚上念经在前面，"南无阿弥陀佛……"我在后面拉他衣服，"公公啊！你快一点，我怕鬼啊！"是这样一个环境。到了夜里最痛快了，念诗。我过个三天回家拿菜，我妈妈给我做好，我自己提上来，吃个三天再回去拿。

那一次，我做诗给老师看，秋天了，现在我还记得：

西风黄叶万山秋　四顾苍茫天地悠
狮子岭头迎晓日　彩云飞过海东头

“西风黄叶万山秋”这一句写好了，下一句还没有写，他说好诗！好诗！可惜啊！太衰老了！你年纪轻轻十几岁的孩子，写得这么可怜。下面一句呢？

我说我的意思，“西风黄叶万山秋”，我回家去拿菜回来，“四顾苍茫天地悠”。我那个时候还没有看过“念天地之悠悠，独怆然而涕下”，我自发的“四顾苍茫天地悠”。他摸着胡子更摇头：你怎么搞的？好诗！可是太衰了。

其实年轻时作的诗，这个叫什么？诗谶。自己作的诗已经断定自己的命运了。

但是下面两句，他先不讲话了，然后问：“你怎么作的？”我住庙子读书，我回去拿菜，“狮子岭头迎晓日”，天刚亮，太阳刚出来，我去拿菜回来，“彩云飞过海东头”。先生说：“好诗！就是太衰了。”结果我后来修道去了，然后到台湾，台湾是在海东。

这是讲诗跟文，今天大概贡献你一点。

好小说中短命的爱情

诸位同学啊！我不是偏向给他讲诗，实际上是告诉大家，国学的基础在文学，文学的基础在诗词、小说。如果你们写出一部最好的小说，我一定大加奖励，岂止奖励，要高价钱奖励（众笑）。你们能不能写一部最好的小说呢？

现在有很多小说，但是最好的小说很难。譬如我年轻时，喜欢看倒霉电影，爱情小说都是倒霉小说，你看外国的《茶花女》，中国的《红楼梦》、《西厢记》、《浮生六记》。你们没有算啊！多少感情啊？多少年啊？你算算看。《红楼梦》不到七八年，整个不到十年。《茶花女》不到一年两年爱情的。好的爱情一定短命的，不短命不叫爱情。老了有什么爱情啊？两个人白头到老，一点爱情都没有，还讨厌呢！老了以后，孩子长大了，用两个电视机，背靠背，然后当面怎么样？“流泪眼对流泪眼，断肠人对断肠人”。

帝王的诗才

之所以讲诗词，大概意思不离文学。诗词是朗诵了背来的，可是不要随便作诗，真正变成了诗人，要会诗而不一定作诗。譬如讲作诗，讲到宋朝的赵匡胤，相对是南唐李后主嘛！李后主的诗，那好得没有再好了，可是你万古也作不出来。成本太大了，他天生做皇帝亡了一个国家，才有这个诗啊！“车如流水马如龙，花月正春风”，他花的成本太大了。

可是李后主没有投降以前，派了一个外交官，叫徐铉，历史上很有名的大才子，你们诸位还记得吧？派他去见赵匡胤。北宋定都在开封。赵匡胤军人出身，南唐派了这个有名的学者来，同吴律师一样，又是海归留学回来，诗也好，文章也好。赵匡胤这个时候天下没有完全统一啊！找谁接待呢？赵匡胤说我知道了，不要慌。他临时找了一排卫兵，一看，有一个相貌堂堂，就是你！一个大字不认识，做临时外交部长，接待南唐那个大使。所以徐铉来了，给他一天到晚吃啊、喝啊，玩在一起。徐铉提问题，他反正不懂，“好！喝酒。嗯！你说得有道理。吃菜！喝酒！”好了，这个徐铉心里想，哎哟！宋朝里头有人哪！你看这个外交部长，我跟他讲了好几天，很多国际上的道理，金融啊、货币啊，什么都讲，他从来是“好！对！喝酒”，不表态！这个学问大了。这是政治，赵匡胤一下就把他的气焰打下去了。

然后徐铉来见赵匡胤，赵匡胤说你是江南的才子哦！徐铉说不敢当！赵匡胤说你的诗作得很好，我是当兵出身，不会诗，不过我也有两句诗，我有一天带兵出去，看到太阳，我就作了两句诗，“未离海底千山黑”，太阳还没出来，半夜，“一到中天万国明”。

“哎呀！”徐铉已经跪下来，“皇上，我们作不出来，这是做皇帝的诗。”这是皇帝的口气，天生的。这也是诗谶。

朱元璋也不大认识字，他后来也会作诗，喜

欢作对子。中国人过年门口喜欢贴对子，朱元璋搞的。他过年偷偷出去，看到人家门口没有对子，他就帮人家写。到了理发店一看，怎么没有对子啊？那个理发师傅说，我没有文化。朱元璋说，好了，笔拿来我写——“毫末生意，顶上功夫”。写得很好。

然后，他到了一个阉猪的家，你怎么没有贴对子啊？人家说我没有文化啊！他问：你干什么的？阉猪的。他说，好，拿纸来我帮你写——“两手劈开生死路，一刀割断是非根”。这是帝王诗，好诗不要用脑筋的。

好了，我也讲完了，你们还有什么问题？然后你们讨论吧！国学要文学的底子。所以告诉大家要朗诵，要多读书，不要读死书，多看小说，多看乱七八糟的文章，学问就好了。

这里很多诗人，你看我们那个孙先生，他的诗比我作得好，他到大学堂来玩，回去作了一首诗，寄来给我看，我就吓住了，好像赵匡胤见到徐铉一样，我就吓住了。真的，他的诗真好。好吧！大家再吃一点东西，大概是这样。院长，我

只好这样交待了。（大家鼓掌）

诗人政治的代价

同学：徐铉就是那个注释《说文解字》的？

南师：对对！而且他问过赵匡胤一句话。我常说中国历史上有几个皇帝讲了真话？一个是赵匡胤讲了真话。徐铉问赵匡胤：我南唐对你很好啊！很恭敬啊！我南唐给你年年进贡，岁岁来朝，像儿子孝敬父亲一样。赵匡胤说对啊！是啊！徐铉说，那你为什么一定要出兵打我？赵匡胤被问倒了，讲良心话，没有理由。有一个理由，他说实话了："卧榻之侧，岂容他人鼾睡邪！"我在床上睡觉，有人在我旁边打鼾，格老子不杀了他行吗？这是真话，就是这个理由。

所以徐铉回去什么都不能讲，他要么出兵打，要么你李后主出来投降。李后主就是笨，浙江的钱俶就是高明，他先投降了。所以杭州有个保俶塔。为什么叫保俶塔呢？杭州人说的有个嫂嫂给叔叔修的。不要乱讲，这是老百姓给钱镠的孙子钱俶修的，因为他深得民心，他先投降宋朝，免了战火。李后主早一点去投降，一点事都没有；他犟起来偏不去投降，还在作诗呢！最后被俘虏。

你要读历史哦！你们读古文，中国军人最厚道的大将，宋朝大元帅曹彬，打下了天下绝对不轻易杀人，所以曹彬的后代出贤德的皇后，还出神仙，有一个孙女曹文逸修道成仙了。

曹彬奉命攻打南唐，临出发前，赵匡胤嘱咐他，南下征战，不要掠夺老百姓，要使大宋的威信广泛流传，使人们自动归服。攻下南唐首都江宁（南京）之后，不可杀人劫财，如果实在做不到，也千万要保护李后主一家人。又给他尚方宝剑节制部下，不听命的，副帅都可以杀，当时副帅是潘美，大家听了都很小心。

打下江宁（南京）前两天，曹彬装病，大家来看他，他说，我的病不是药能够治好的，如果诸位答应我，而且要发誓，破城之后，不妄杀一人，我的病就可以好。大家只好发誓。结果第三天打下南京，没有杀人，没有抢钱。曹彬对李煜一家人敬若上宾，很尊重，很客气，那么厚道！南唐后主李煜跟他在南京上船，曹彬一路护送李煜到汴梁（开封），亲自保护他，这些兵谁也不敢抢。

所以李后主坐在船上，后来作的那个诗才可怜啊！

云笼远岫愁千片　雨打孤舟泪万行
兄弟四人三百口　不堪闲坐细思量

“云笼远岫愁千片，雨打孤舟泪万行”，这个心情很难过，无限的惆怅、悔恨、恐惧。这可不是“车如流水马如龙，花月正春风”啊！“兄弟四人三百口，不堪闲坐细思量”，这么多眷属，不晓得前途如何，或者到开封被杀啊？心里很是忧虑、难过。可是赵匡胤没有把他怎么样，还封了官给他，善待他一家。赵匡胤等到李后主来投降，他就笑了，你要是拿作诗的时间来好好搞政治，也不会到我前面来了。

尾声

怎么最后给你们讲起诗来了呢？这样乱七八糟，对不起啊，院长！

孙院长：非常感谢！

南师：什么感谢，不要客气了。我还不晓得他这个诗社的人也来了，呵呵。

孙院长：他是新风雅诗社的发起人陈斐。陈斐，今天南怀瑾先生专题讲座，你应该好好写一篇求学记才对。

陈斐：我想说几句感谢话。

孙院长：讲吧！讲吧！

南师：你站起来说嘛！大声说，说你的，发挥你的，做诗人嘛！要有气魄，不要说恭维话。

陈斐：我今天听南先生谈吴梅村和钱谦益的诗，获益匪浅。尤其刚刚谈的微言大义，我自己读过三四遍也没有读出来，特别感谢！这里南先生对我们诗社的教导，内涵我已经领悟到，就是作为一个诗人，不仅仅要吟风颂月，而且要关心时事，就是要发扬“为生民立命，为万世开太平”的精神。

我们诗社自发起以来，得到了国学院、学校领导的大力支持，还有海内外，南先生、冯其庸先生、叶嘉莹先生的大力支持。我们将在二十九号晚上的时候，举办一个成立仪式，我想在座各位有时间的话，请光临指导。

我们诗社的宗旨就是“切磋诗艺，交流情感，砥砺操守，弘扬正气”。诗艺的切磋只是一个方面，更重要的是砥砺操守，弘扬正气，为中华民族文化的复兴，做出我们自己的贡献。我自己觉得，现在经济的全球化，实际上发达国家凭借着他们政治经济的这种优势，来推广他们的文化，实际上是西方文化和价值观念的普遍化，我觉得是这样。

五四运动有一种反弹，提倡把传统文化打倒以后，我们关注的价值只关注了富强这一个层面，对于人的精神和文化有所忽视。等到我们今天真正富起来以后，我们发现，我们的传统哪儿去了？就算把我们所有的地方，建设成美国纽约这样的大都市，但是我们说的是 ENGLISH，吃的是麦当劳，穿的是西服，看的是美国大片、韩国的连续剧、日本的动漫，我们中国人还是炎黄子孙吗？历史上，因为战争或自然灾害而灭绝的民族是很少的。但是因为一种文化被另一种文化覆盖，这个民族完全消失了，这是很多的，这是历史的经验教训。我想，我们在座的各位，虽然专业和职业是不一样的，但我们都是炎黄子孙。就像我们大家站在一个地球上，在不同的纬度向前跑，曹雪芹的路线和比尔·盖茨的路线是不一样的。

好了，我不多浪费大家时间了。希望大家多多关注国学院，多多关注我们新风雅诗社，谢谢！

南师：好，好，今天就到这里吧。大家各听自由了。

大众：谢谢老师！

南师：谢谢！大家平安！

图书在版编目(CIP)数据

漫谈中国文化:金融　企业　国学:袖珍版/南怀瑾讲述.—北京:
东方出版社,2016.9
(南怀瑾著作袖珍典藏系列)
ISBN 978-7-5060-9258-6

Ⅰ.漫…　Ⅱ.①南…　Ⅲ.①中国文化-通俗读物　Ⅳ.①K203-49

中国版本图书馆CIP数据核字(2017)第240416号

漫谈中国文化:金融·企业·国学
南怀瑾　讲述

责任编辑: 王　艳　张莉娟
封面设计: 张　军
出　　版: 东方出版社
发　　行: 人民东方出版传媒有限公司
地　　址: 北京市东城区朝阳门内大街166号
邮　　编: 100010
印　　刷: 北京联兴盛业印刷股份有限公司
版　　次: 2017年8月第1版
印　　次: 2023年4月第9次印刷
开　　本: 880毫米×1230毫米　1/64
印　　张: 5.375
字　　数: 152千字
书　　号: ISBN 978-7-5060-9258-6
定　　价: 48.00元
发行电话: (010)85924663　85924644　85924641